Treinamento Profissional de *Coaching*

Treinamento Profissional de *Coaching*

Desenvolvendo Eficácia e Excelência na Liderança

UM LIVRO DE COACHING4TODAY'S LEADERS

Baseado
na obra original de
J. Val Hastings, MCC

Tradução
Marcos A. de Camargo e Silva
Juliana de Lacerda Camargo

Telefone: 1.877.381.2672

val@coaching4todaysleaders.com

www.coaching4todaysleaders.com

ISBN 978-0-9886128-7-7

Distribuição brasileira: Willem Books Editora
www.willembooks.com

Impresso nos E.U.A.

Sumário

Dedicatória

Este livro é dedicado a todos que me capacitaram como pessoa, pastor e *coach* profissional.

À minha esposa, Wendy, que continuamente me encoraja a perseguir meus sonhos! Obrigado por todo suporte e encorajamento. Que grande presente você me deu! Eu a amo.

Aos meus pais, Val Sênior e Audrey Hastings, que foram meus primeiros *coaches*. Obrigado por me capacitarem enquanto me criavam. Obrigado por estimularem o melhor em mim e por verem mais em mim do que eu mesmo poderia enxergar por vezes.

Ao meu pai, Val Sênior, que foi um modelo e um *mentor* em sua liderança. Obrigado pelas muitas horas que falamos sobre liderança e em como melhor capacitar pessoas. Eu ganhei muito com o tempo que passamos juntos.

Às minhas duas filhas, Bryanna e Shelby, minhas fontes de orgulho e alegria. Eu amo ser seu pai.

Ao meu *mentor-coach* e amigo Ken Abrams, MCC. Ao longo dos anos, Ken contribuiu muito para meu preparo e domínio como *coach*. Obrigado por maximizar minhas habilidades de *coaching*.

À faculdade e aos treinadores da Coaching4BusinessLeaders/Coaching4Clergy, que contribuíram com este livro e me deram valioso *feedback*.

Aos nossos patrocinadores corporativos Mile Stone Bank, A. Shaw Stewardship Ministries e S. E. Smoker Incorporated Design / Build Construction, que continuamente suportam o trabalho da Coaching4BusinessLeaders/Coaching4Clergy.

À minha Gerente de Negócios *Online* e Assistente Virtual Laura Pumo, e seu time na Office DEVA, obrigado por me ajudar a unificar tudo. Sua assessoria não teve preço.

À minha editora, Linda Dessau, obrigado por trazer minhas ideias à luz e me ajudar a clarear e refinar minha mensagem.

A todos os líderes e organizações que tenho treinado. Este livro está repleto daquilo que aprendi com vocês. Outros se beneficiarão disso.

Val

Introdução

Em 1999, conheci minha primeira *coach*. Eu fico um pouco envergonhado de dizer isso, mas minha reação inicial foi: "Você é *coach* (técnica) de que esporte?". Após seu disfarçado riso, ela me explicou que treinava indivíduos e organizações. Eu fiquei intrigado. Aquela curiosidade cresceu com o passar dos anos ao *status* de uma visão global: a visão de que todo líder tenha um treinamento de *coach* entre suas ferramentas profissionais. Sua participação neste evento de treinamento de *coaches* ajudará para que essa visão se torne realidade.

Você deve estar questionando a motivação por trás dessa visão. Como muitos, eu sei do crescente número de líderes que estão prontos a desistir, ou se sentem ineficientes ou exaustos, somado ao número alarmante de organizações que desistem ou estão perto disso. Na realidade, há uma razão por trás. Nós estamos em meio a uma mudança de paradigma envolvendo o afastamento da centralização da autoridade para a capacitação das pessoas em geral.

A abordagem do *coaching* junto à liderança é uma forma de abraçar essa mudança de paradigma e pode ter um impacto tremendo não apenas nos líderes das organizações em geral, mas também em comunidades maiores que frequentamos/servimos. As habilidades de *coaching* contidas neste livro ajudarão cada indivíduo e cada comunidade de fé a obter maior clareza sobre o que Deus nos convida a ser, à medida que a mudança de paradigma acontece.

Seja você um líder ordenado ou não, remunerado ou não em sua comunidade, o *coaching* é uma ferramenta extremamente valiosa e prática. Como característica central, o *coaching* trabalha na capacitação das pessoas. E se a capacitação e a instrumentação das pessoas se tornasse a regra em seu contexto? Considere o impacto que teria em âmbito local e global.

Seja o que (ou quem) for que o tenha motivado a aprender mais sobre *coaching*, eu quero agradecê-lo por dar este passo. Você está começando uma jornada que agregará tremendamente em sua vida e na vida de outros.

Parabéns por dar o primeiro passo. Vamos começar.

Capítulo 1

Primeiros Passos como *Coach*

O QUE É *COACHING*?

Quando as pessoas descobrem que sou *coach*, geralmente me perguntam o que é *coaching*. À medida que começo a explicar, percebo uma combinação de confusão e curiosidade em meu interlocutor. *Coaching*, embora poderoso e transformacional, é difícil para muitos entenderem. Uma pessoa me disse acreditar que a verdadeira razão pela qual as pessoas me contratam como *coach* é porque gostam de minha voz. Outros me contrataram dizendo "eu não sei o que é *coaching*, mas seja lá o que fez para fulano, eu quero que faça comigo também".

Eu ainda acho graça quando penso na resposta de uma pessoa à minha explicação sobre o *coaching*: "Deixe-me ver se entendi bem. Você vai me escutar muito, não vai me dizer o que fazer nem vai tentar me consertar. Eu vou fazer todo o trabalho e vou pagar por isso. Eu acho que assim não dá!".

Ao longo dos anos, descobri que a melhor forma de ajudar alguém a entender o que é *coaching* é fazê-lo ter uma primeira experiência. É por isso que eu dou demonstrações *ao vivo* no começo de cada treinamento de *coaching*. Depois, convido os participantes a definirem o que é o *coaching*, baseados no que acabaram de testemunhar.

Então, além de ler este manual, eu o convido a experimentar sua própria demonstração de *coaching*, agendando uma reunião gratuita. Não apenas este é o melhor método para compreender, mas você também se beneficiará da experiência.

Passemos a definir o que é e o que não é *coaching*. A Federação Internacional de *Coach* (ICF – International Coach Federation – www.coachfederation.org) define *coaching* como "uma parceria com clientes em um processo criativo e reflexivo que os inspira a maximizar seus potenciais pessoais e profissionais".

Aqui vai minha definição de *coaching*: como *coach*, eu ajudo as pessoas a obterem resultados que desejam, trazendo o que há de melhor nelas. Eu também explico que o *coaching* não tem o propósito de consertar as pessoas ou resolver problemas; o *coaching* é um processo baseado no desenvolvimento e descoberta. Assim como *coaches* (técnicos) esportivos, nós auxiliamos no desenvolvimento de talentos e habilidades já presentes nas pessoas que treinamos.

Quer você use a definição da Federação Internacional de *Coach*, quer você use a minha, ou ainda desenvolva a sua própria definição, há vários componentes-chave que quero apontar:

1. O *coaching* envolve parceria.

O *coach* e o *coachee* se envolvem em um processo colaborativo que é 100% focado no *coachee*. O relacionamento entre o *coach* e o *coachee* é de máxima importância. Segurança e confiança nessa relação criam um ambiente no qual se podem explorar novas perspectivas e novas formas de ser. É mais provável que um *coachee* mostre quem *realmente* é se crer que pode confiar em você.

Isso é extremamente importante para líderes da atualidade, muitos dos quais relatam se sentir muito sós e isolados. De fato, em mais de uma ocasião, ouvi líderes dizendo que não têm em quem confiar nem alguém de quem se sintam próximos. Ainda que não atinja qualquer outro objetivo, o surgimento do *coaching* nas comunidades e organizações dará aos líderes de hoje a oportunidade de conversarem com alguém com quem se sintam seguros. E isso já é um tremendo ganho!

2. O *coaching* acelera o que já começou ou está prestes a começar.

Aqui está uma distinção-chave entre *coaching* e outras disciplinas. Porque nossa perspectiva é de que cada pessoa já é capaz e completa, não nos colocamos imediatamente no modo de conserto ou na perspectiva de lidar com um modelo mental limitado. Pelo contrário, buscamos sinais e procuramos tesouros dentro daqueles que estão diante de nós. *Coaches* gostam de investir tempo no cruzamento entre a curiosidade e a observação.

Muitos dos indivíduos e dos times para quem dou *coaching* inicialmente têm pouco ou nenhum conhecimento do que já está acontecendo ou está prestes a iniciar. Um dos benefícios do processo de *coaching* é que ele cria um espaço na agenda do *coachee* – mesmo que sejam apenas trinta minutos – para dar um passo para trás e olhar em perspectiva. Por meio de escuta ativa e perguntas poderosas, o *coach* auxilia a outra pessoa a ganhar maior clareza sobre o que ela realmente quer e também sobre o que pode estar acontecendo em sua vida.

3. *Coaches* maximizam potencial, levando as pessoas do bom ao ótimo.

Coaches fazem mais do que inspirar ou incentivar; eles auxiliam as pessoas a se desenvolverem e realmente progredirem. Você já ouviu sobre um atleta excelente que alcançou algum sucesso sem treinamento? Um *coach* o auxiliará a desenvolver-se para progredir mais rápido e mais profundo do que você poderia conseguir sozinho.

Uma das formas de maximização do *coaching* ocorre quando conseguimos encontrar a grandeza daqueles com quem trabalhamos. *Coaches* intencionalmente procuram e desenvolvem as forças e talentos das pessoas. Eu gosto da forma como Benjamin Zander explica em seu livro A arte da possibilidade. Zander inicia cada ano informando seus estudantes que todos têm nota dez. Nossos *coachees* também iniciam com dez (falaremos mais sobre Ben Zander mais à frente).

Uma das melhores ilustrações de começar com nota dez é a história bíblica do jovem Davi se preparando para lutar contra o gigante Golias. O rei Saul, que era alto e forte, colocou sua armadura em Davi para a luta (Saul viu que Davi não tinha sua força – definitivamente não tinha nota dez). O jovem e pequeno Davi mal podia ficar em pé com aquela armadura e, tirando-a, pegou cinco pedras lisas e matou Golias.

Davi já tinha tudo de que precisava para lutar contra o gigante; ele já tinha nota dez. Ele apenas precisava encontrar suas forças, talentos e a grandeza dada por Deus. *Coaches* auxiliam as pessoas a encontrarem o que já existe e a se utilizarem disso nas situações de fato.

Outra forma de maximizar o potencial está em olhar além das soluções práticas, buscando a mudança. O trabalho de mudança envolve perspectivas, crenças e premissas. Eu gosto de dizer às pessoas que, como *coach*, "acendo uma lanterna" em suas perspectivas, crenças e premissas e as ajudo a ver como essas questões auxiliam e limitam seu progresso. Deixe-me dar um exemplo. Há muitos anos eu cria que era "apenas alguém que liderava uma organização sem fins lucrativos" e ninguém me contrataria como seu *coach*. Não havia soluções externas ou planos de ação que pudessem me ajudar a administrar adequadamente essa crença interna. Em vez disso, meu *coach* me ajudou a criar uma consciência de como essa crença interna estava me limitando e me ajudou a ganhar uma nova perspectiva.

Um dia a mudança aconteceu, e eu consegui enxergar a mesma questão de forma totalmente diferente. De repente eu soube que haveria pessoas que me contratariam como *coach* justamente por ser o que era. Era tudo que eu precisava, e com isso tive um grande impulso.

Outra forma de maximizar o potencial dos *coachees* é andar ao seu lado em vez de tentar guiá-los. O *coachee* permanece no banco do motorista, mas o *coach* permanece ao seu lado durante a jornada. Eu gosto muito desta expressão: um *coach* não é um sábio no centro do palco, mas um guia que acompanha de perto. Que verdade! Nós auxiliamos outros a desenvolver o seu potencial, mas não fazendo por eles ou dizendo o que têm de fazer. Neste papel de "guia próximo" o *coach* se torna:

- O parceiro para atingir metas profissionais e pessoais.
- A resposta na tomada de decisões.
- O suporte no desenvolvimento profissional e pessoal.
- O guia em comunicação e habilidades de vida.
- A motivação quando houver a necessidade de realizar ações de grande impacto.
- O suporte incondicional quando você tropeçar.

No que o *coaching* difere da terapia, consultoria e *mentoring*?

Em primeiro lugar, quero dizer que o *coaching* não é a única ferramenta para auxiliar as pessoas. Ao mesmo tempo em que o *coaching* gera tremendos benefícios, o mesmo ocorre por meio da terapia, consultoria e *mentoring*. Todas são válidas. Partindo daí, eu creio que seja absolutamente essencial que nós, como *coaches*, apreciemos as importantes contribuições que terapeutas, consultores e mentores trazem ao sucesso contínuo daqueles com quem realizamos o *coaching*. De fato, aproximadamente um terço das pessoas que fazem *coaching* comigo também buscam o serviço de um terapeuta, consultor ou *mentor*.

Durante o intervalo de um evento de treinamento, um consultor que participava do grupo – claramente nervoso – declarou que, porque eu estava treinando aquelas pessoas a ser *coaches*, ninguém mais precisaria dele. Minha resposta a ele foi que eu acreditava justamente no oposto, ou seja, à medida que a indústria de *coaching* cresce, mais e mais indivíduos e organizações reconhecem que há momentos em que a expertise de um consultor, terapeuta ou *mentor* é exatamente do que se precisa. Eu acho que ele não acreditou em mim.

Em segundo lugar, há bastante sobreposição entre *coaching* e terapia, consultoria e *mentoring*. Consultores se identificam com o *coaching* no que se refere ao estímulo às ideias, estabelecimento de plano e elementos de acompanhamento, enquanto mentores se aproximam da filosofia do "guia que se mantém próximo". Durante um recente evento de treinamento de *coaching* para terapeutas, um participante declarou que muitos dos conceitos e habilidades sobre os quais estava aprendendo eram muito semelhantes ao que aprendera como terapeuta. Outro terapeuta de casais e família definiu *coaching* como "terapia para pessoas saudáveis" e declarou quão bom seria trabalhar com pessoas que fossem basicamente completas

Em terceiro lugar, muitos *coaches* veem os benefícios de combinar o *coaching* com essas outras modalidades. Um exemplo perfeito é o *mentor-coaching* que eu ofereço a *coaches*. Aqueles com quem eu faço o *mentor-coaching* se beneficiam do acesso que tenho a ambas as técnicas e habilidades de *coaching* e *mentoring*. Às vezes eu as misturo; em outras, uso uma ou outra. Também há muitos consultores e terapeutas que atualmente trazem o *coaching* para suas práticas. Note que este é um ponto muito importante para que se compreenda claramente as semelhanças e diferenças quando houver uma sobreposição intencional do *coaching* com outra disciplina ou prática.

Em quarto lugar, o *coaching* ainda é bastante novo e há muitas percepções distintas sobre o que ele é de fato. Uma pessoa que oferece o *coaching* pode, ou não, utilizar as técnicas e definições que são tratadas nesta obra. Uma vez eu participei de um treinamento de *coaching* no qual o treinador declarou que, quando trabalhava com seus clientes, dizia-lhes o que fazer, porque era pago para isso. Definitivamente *não é assim* que definimos *coaching* por aqui!

Coaching versus terapia

Ao longo dos anos, eu reuni várias distinções-chave entre *coaching* e terapia. Uma distinção é que a terapia trata da recuperação, enquanto o *coaching* trata da descoberta. Na maior parte das vezes, terapia trata da recuperação de uma dor ou disfunção, geralmente nascida no passado. O foco está na recuperação da saúde psicológica.

O *coaching*, por sua vez, parte do pressuposto de que há um nível geral de saúde e bem-estar e, por isso, não é focado na recuperação, mas na descoberta. O processo de *coaching* ocorre em um ambiente de curiosidade e observação, enquanto buscamos desempenho de ponta nos *coachees*. Usando uma linha do tempo, terapia geralmente trata da recuperação do passado, trazendo a pessoa a um presente saudável. *Coaches* iniciam no presente saudável e se lançam à criação e descoberta do futuro.

Outra distinção útil é baseada na diferença entre arqueologia e arquitetura. Terapia, tal qual a arqueologia, entra no passado para descobrir significados escondidos que nos ajudam a entender tanto o passado como o presente. Já o *coaching*, tal qual a arquitetura, constrói sobre a fundação sólida e saudável do momento atual da pessoa, com o foco prioritário de definir, criar e dar suporte. Eu normalmente lembro novos *coaches* que, a não ser que exista progresso, ou sinais de que ele está chegando, não se trata de *coaching* de fato.

Mais uma distinção: terapia *versus* terapêutico. Muitos indivíduos e grupos testemunham sobre os benefícios terapêuticos do *coaching*, pois normalmente se sentem mais positivos a respeito de si mesmos e seu presente e futuro, como um resultado direto do *coaching*. Sim, é muito bom quando realmente há progresso e sucesso no alcance dos objetivos! O *coaching* é terapêutico, mas não é terapia. Os *coaches* têm uma obrigação ética de recomendar terapia quando necessário. Os indicadores para isso incluem:

- O crescimento de uma tristeza generalizada.
- Dificuldade em manter o foco.
- Alterações no padrão de sono, apetite e nervosismo.
- Sentimentos de falta de esperança.
- Aumento de um comportamento arriscado.
- Pensamentos de suicídio.

Coaching versus consultoria

Há duas questões que vêm à mente quando considero a distinção entre *coaching* e consultoria:

- Quem é o expert?
- Quem é responsável pelo resultado?

Na consultoria, o expert é o consultor. Muitas pessoas trabalham com consultores porque creem que a expertise desses profissionais trará benefícios a si e suas companhias. Geralmente, os consultores ajudam a diagnosticar problemas e prescrevem uma gama de soluções. No *coaching*, o expert é a pessoa ou o time que está passando pelo processo. A perspectiva do *coaching* é de que o *coachee* é capaz de gerar suas próprias soluções. O papel do *coach* é prover um cenário propício à autodescoberta que promove a otimização da expertise do *coachee*.

De fato, às vezes a maior contribuição que faço a outra pessoa vem de três palavras bem simples: "eu não sei". Esta abertura ao "não saber" impulsiona o *coachee* adiante.

Quanto a quem responde pelo resultado, na consultoria, o consultor é o responsável pelo resultado desejado. Ao seguir a recomendação do consultor, seu cliente deverá chegar ao que espera. Contrastando isso com o *coaching*, *coaches* empenham-se para que seus clientes sejam os agentes, sendo o *coachee* aquele que faz o trabalho e responde pelo resultado, gerando seus próprios planos e realizando suas próprias ações. O *coach* é responsável por manter o processo de *coaching* em curso, mas não pelo resultado em si.

Coaching versus mentoring

O *mentoring* é um processo por meio do qual uma pessoa (o *mentor*) guia outra no caminho pelo qual já passou. O compartilhamento ou direcionamento inclui experiências e aprendizado a partir da própria experiência do *mentor*. A premissa aqui é que o *insight* e direção do *mentor* podem acelerar a curva de aprendizado de quem passa pelo processo. Ainda que por vezes o *coach* e seu *coachee* possam experimentar algo similar, não é a experiência pessoal e profissional do *coach* que tem maior valor. Na relação de *coaching*, o que importa mais é a experiência do *coachee*.

Mas será que isso significa que o *coach* nunca compartilha suas experiências ou expertise? De forma alguma. Em uma conferência recente da Federação Internacional de *Coach* (ICF), eu aprendi que uma das coisas que os *coachees* mais apreciam é o momento em que seus *coaches* compartilham conselhos e experiências quando questionados e quando apropriado. É importante frisar estes pontos: quando questionados e quando apropriado.

Quando *coachees* imediatamente me perguntam o que devem fazer, eu normalmente dou uma introdução e respondo algo como: "Baseado em outras pessoas que passaram pelo processo de *coaching* e por uma situação similar, aqui estão algumas ideias. O que você acha?". Em outras palavras, eu gero possibilidades – lembrando que se trata de minha melhor opinião, e nada mais.

Quando é apropriado compartilhar nossas experiências e expertise? Às vezes, a pessoa que atendemos pode estar genuinamente estacionada e, nestes casos, um conselho pode servir como um propulsor ao processo reflexivo. Outra situação ocorre quando um objetivo maior pode ser atingido mais rápida e efetivamente se houver como descartar aspectos de menor importância. De todo modo, em qualquer circunstância presume-se que você já tenha estabelecido uma relação de *coaching* de confiança e segurança, e que ambos tenham clareza de que se trata apenas de sua opinião.

Inicialmente, recomendo que novos *coaches* evitem dar conselhos, porque a maior parte das pessoas aprende a dar conselhos sem que haja um auxílio real, pois não contribuem para a independência e crescimento de quem os recebe. Primeiro, temos de aprender como não aconselhar, para que então aprendamos uma nova arte de aconselhamento. Falaremos mais à frente sobre este ponto.

Com o que se parece uma típica reunião de *coaching*?

Considerando um cenário hipotético, um líder poderia dizer:

Estamos estagnados! Tentamos de tudo e nada parece funcionar. Nós temos o cenário macro... mas não conseguimos iniciar. O resultado é que estamos passando do tempo certo. Parece que conseguimos dar um passo à frente, e então regredimos dois. Os líderes estão desistindo. Começo a questionar minha habilidade de liderar. Ajude-me!

Um *coach* poderia empregar uma das seguintes estratégias:

1. Pedir ao *coachee* que fale mais. Uma das melhores formas de começar é pedir que a pessoa compartilhe mais sobre o assunto.

2. Devolver/espelhar o que você está ouvindo e observando. É incrível como o simples espelhamento pode ajudar. Para o *coachee*, ouvir o que diz e enxergar como se comporta pode ser muito benéfico.

3. Convidar o *coachee* a descrever a visão do cenário *macro*. No caso dado, ele teria dito: "*Nós temos o cenário* macro... *mas não conseguimos iniciar*". Como *coach*, eu quero confirmar que ele realmente tem o cenário *macro*. Muitas vezes percebo que líderes pensam que os outros têm o cenário *macro*, quando na verdade não o têm. Como próximo passo, eu posso encorajar esse líder a ter mais conversas sobre a visão. O grupo pode ter sido colocado muito rapidamente no modo de ação e talvez ainda precise trabalhar um pouco mais na visão.

4. Perguntar sobre o plano. Pode ser que a questão seja mais relacionada a uma dificuldade de implantação. Não é incomum desenvolver uma visão maravilhosa, pregá-la na parede e assumir que vá acontecer. Uma visão necessita de um plano. Uma das principais razões pelas quais uma visão não é implantada é a falta de um plano ou mesmo da má comunicação de um plano existente

5. Perguntar sobre o sistema de suporte. Quem pode ajudar com isso? Adicionalmente ao *coach*, outras pessoas podem ajudar muito. Muitos colegas podem ter *insights* valiosos e lições vindas de experiências similares. Acessar suas experiências, ou buscar suas ideias, pode trazer bons retornos e palavras de encorajamento.

O que você quer dizer com a abordagem do *coaching* à liderança?

Um número crescente de líderes da atualidade busca no treinamento de *coaches* uma forma de incrementar sua missão e atuação. Muitos têm visto o *coaching* como uma forma tangível de administrar a papel de "equipar pessoas". O líder tem um papel fundamental no aperfeiçoamento e equipamento dos organismos, e o treinamento de *coaches* oferece ferramentas práticas e capacitações para equipar as pessoas em seus propósitos.

Uma forma de incorporar o *coaching* é empregando a ferramenta junto a grupos e times com os quais trabalhamos, em vez de assumir um papel mais tradicional de liderança. Podemos ajudar esses times a obter maior clareza a respeito do que realmente desejam, para que então definam o caminho e façam as coisas acontecerem. Qual é o resultado da atuação do *coaching* junto a um time de líderes? Um time é mais efetivo quando seus líderes trabalham a partir de suas próprias forças e grandezas, em vez de suas fraquezas.

Quando supervisionamos e avaliamos outros, imagine-se dando nota dez antes até de começarem. Quão mais eficaz este cenário se tornaria? Adicione a isso as perguntas poderosas e a escuta ativa que oferecemos e teremos uma receita de sucesso.

As organizações em geral estão cheias de pessoas que experimentam transições pessoais, familiares, físicas e espirituais e que podem se beneficiar muito da atuação do *coaching* para suporte, clareza e responsabilização. Muitos líderes estão à frente de grupos pequenos. Imagine se esses grupos fossem caracterizados por um ambiente de suporte e confiança, liderado por líderes que fossem capacitados a trazer o melhor que existe nos outros. O resultado seria a transformação pessoal e mudança de vida.

Outro dia um novo *coach* me disse acreditar que o *coaching* era um luxo para a maior parte das organizações, especialmente dentro do atual contexto econômico. Minha resposta: liderança efetiva não é um luxo, mas uma necessidade. Imagine a diferença em você e sua organização se você fizer uma parceria com um *coach* cujo principal propósito é revelar o melhor que existe em você e auxiliá-lo a continuamente ter um desempenho de ponta. Se queremos ser o nosso melhor e ter um grande impacto, então o *coaching* não pode ser visto como luxo, mas como necessidade.

O MODELO DO *COACHING* DE CINCO PASSOS

Anos atrás, como novo *coach*, uma das melhores ferramentas para mim era o modelo de *coaching* de cinco passos. O modelo de *coaching* a seguir dará uma base à qual você pode recorrer quantas vezes quiser, enquanto desenvolve suas habilidades e atende a pessoas e situações cada vez mais distintas e interessantes

Um *coaching* sólido, assim como uma casa sólida, é constituído de:

- Fundação
    - Escuta
    - Investigação
- Vigas de sustentação
    - Esclarecimento
    - Exploração de ideias
- Cobertura forte
    - Suporte

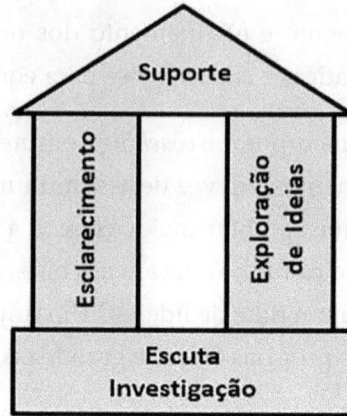

Estabelecendo a Fundação

Passo 1: Escuta

O objetivo do *coach* é escutar tão próximo a seu cliente que as respostas simplesmente surjam. A proporção ideal é que você escute 80% do tempo e responda apenas 20%. É de absoluta importância que o cliente se sinta totalmente compreendido. Escute ativamente, utilizando estas sugestões:

- Escute não apenas com seus ouvidos, mas com seus olhos e todo seu ser.
- Escute o tom, inflexão, velocidade e intensidade.
- Escute não apenas o que é dito, mas o que não é dito.
- Preste atenção particular ao que é dito por último.
- Escute sem crítica, julgamento ou intenção.
- Escute sem ficar pensando no que dirá a seguir.

Passo 2: Investigação

Leve o *coachee* a dizer mais. Investigação é como abrir uma tampa. Você busca atingir além da superfície e se mover ao cerne da questão.

Exemplos de reações investigativas:

- Hmmmm.
- O que mais você quer dizer sobre este assunto?
- Fale mais.
- Há qualquer outra coisa que você quer que eu saiba?

Levantando os alicerces/vigas de sustentação

Passo 3: Esclarecimento

Uma vez que o *coachee* tenha compartilhado e já ativamente se comprometido com você, é importante responder e esclarecer o que é dito. Isso dá ao cliente a oportunidade de ouvir o que verbalizou de uma perspectiva um pouco diferente, além de assegurar que ele e você estão com o mesmo entendimento.

Exemplos de técnicas esclarecedoras:

- Eu ouvi você dizer... (espelhamento).
- Eu sinto que... (paráfrase ou reflexão).
- É isso que quer dizer? (verificação).
- Em uma escala de 1 a 10, quão comprometido você está com isso? 1= sem importância, 10= importante (avaliação).
- Enumere estas questões baseado no que é mais importante para você. 1= menos importante, 10= mais importante (classificação).

Passo 4: Exploração de ideias

Quando houver clareza sobre o tópico em mãos, você e o *coachee* podem começar a descer abaixo da superfície para discutir a questão em maior profundidade. Perguntas essenciais ao processo de *coaching* e uma lista mais completa de questões podem ser encontradas na seção de perguntas poderosas deste livro.

Alguns exemplos de perguntas:

- Quais são as opções/oportunidades aqui? Vamos listá-las.
- Qual é a solução mais simples? Qual é a solução mais maluca?
- Qual a recompensa de não lidar com isso?
- O que o está estagnando?
- O que você quer poder dizer sobre esta situação em três meses, que hoje *não* é possível?
- O que você quer, *de verdade*?

Perguntas essenciais ao processo de *coaching* e uma lista mais completa de questões podem ser encontradas na seção de perguntas poderosas deste livro.

Fornecendo uma cobertura

Passo 5: Suporte

A ação é fundamental para a experiência do *coaching*. Dar suporte para que o *coachee* desenhe um plano de ação auxilia-o a se mover adiante, fechando o espaço entre onde está hoje e aonde quer chegar.

Uma típica conversa de *coaching* pode terminar da seguinte forma

- Baseado na conversa de hoje, que atitude você gostaria de tomar? E quando ela será finalizada?
- O que você quer me contar em nossa próxima reunião de *coaching*?
- O que o levará mais perto de seu objetivo?
- O que você precisa fazer para se manter focado nesta próxima semana?
- O que poderá atrapalhar?
- Quem pode auxiliá-lo com isso?

Nas sessões de *coaching* subsequentes, você fará um acompanhamento com questões como:

- O que você conseguiu realizar?
- O que você não conseguiu e disse que faria?
- O que atrapalhou?
- E agora, o que vem a seguir?

CONTATO INICIAL COM UM NOVO *COACHEE*

Esta seção abrangerá o contato inicial com um *coachee,* ou cliente potencial, em seu papel como *coach.* As áreas incluem a consulta de *coaching* gratuita e o pacote de boas-vindas. Em muitos casos, seu contato inicial será a consulta de *coaching* gratuita.

Consulta de *coaching* gratuita

A consulta de *coaching* gratuita leva por volta de 45 a 50 minutos e tem o propósito de dar a seu *coachee* a oportunidade de experimentá-lo como *coach,* bem como de dar a você a oportunidade de discernir quão "pronto" o *coachee* está para iniciar o processo. Há três sessões dentro de uma consulta de *coaching* gratuita típica, que incluem:

- **Introdução do *coach* e do *coaching* (5 a 10 minutos):**

Apresente-se ao potencial *coachee* e peça-lhe que faça o mesmo.

Agradeça-o pela oportunidade de trabalharem juntos.

Separe um momento para explicar o que é o *coaching* e o que não é.

Informe ao *coachee* que estão num espaço seguro e a conversa será confidencial.

- *Coaching* **gratuito (30 minutos):**

   Considere esta reunião como uma verdadeira reunião de *coaching*.

   Durante a reunião, desenvolva um plano de ação com o *coachee* e peça para que ele lhe dê retorno em duas semanas, para contar sobre os avanços. Peça que o contate, mesmo que não o contrate como seu *coach*. Explique que um componente-chave do processo de *coaching* é o acompanhamento, além da responsabilização.

- **Discuta sobre possíveis próximos passos (10 minutos):**

   Se o *coachee* estiver "pronto" para o *coaching* e a relação entre vocês for positiva, fale sobre os próximos passos.

   Fale sobre os resultados e benefícios do *coaching*.

   Compartilhe sobre seus honorários, bem como os próximos passos para iniciar a relação de *coaching* com você.

Lembre-se de que alguns estarão prontos para o contratarem logo após a reunião gratuita, enquanto outros não. Não é incomum que um possível *coachee* precise de um tempo para pensar nas coisas. Dê o tempo e espaço necessários, sem fazer pressão.

Reforce ao *coachee* que, independentemente de vir a contratá-lo, você gostaria de receber um relatório de acompanhamento a respeito do progresso, ou falta de progresso, em duas semanas.

Agradeça pela oportunidade e finalize a reunião.

Pacote de boas-vindas de *coaching*

O pacote de boas-vindas é um conjunto de documentos que preparam o novo *coachee* para a experiência de *coaching*. Uma amostra de pacote de boas-vindas está na Sessão de Recursos deste livro e inclui:

- **Carta de boas-vindas.** Trata-se de uma carta introdutória que o *coach* envia a um novo cliente e que deve providenciar a seguinte informação:

- Uma calorosa saudação e agradecimento pela escolha do *coach*
- Uma informação genérica sobre você como *coach*, bem como informações sobre o processo de *coaching*.
- O acordo de *coaching*.
- Maneiras de seu *coachee* se preparar para cada reunião de *coaching* (Relatório da Primeira Reunião de *Coaching* e Relatório de Foco).
- Os padrões profissionais e éticos que você segue.
- Informações de contato do *coachee*.

- **Acordo de *Coaching*.** Trata-se de seu contrato com o *coachee*, o qual cuida de todos os aspectos do acordo de *coaching*. É recomendado que você peça a um advogado que revise seu contrato para garantir a geração de vínculo e precisão de termos.

- **Formulário para o Relatório de Foco.** Trata-se de um formulário que é usado pelo *coachee* para se preparar para a próxima reunião de *coaching*. Geralmente, é enviado ao *coach* antes de cada reunião e, enquanto alguns *coaches* o adotam como obrigatório, outros deixam a opção ao *coachee*.

Muitos *coaches* mantêm um relatório separado para a primeira reunião de *coaching*, que traz informação adicional que auxilia o *coach* e o processo como um todo.

ESTABELECENDO LIMITES

O que é um limite

Um limite é o espaço que deve ser estabelecido entre você e outros – física, emocional e mentalmente

Por que limites saudáveis são importantes?

- Estabelecer espaço para você, tanto física quanto mental e emocionalmente.
- Estabelecer parâmetros para os serviços de *coaching* que serão prestados por você.
- Garantir uma noção clara de "eu".
- Definir o que você precisa dos outros.
- Estabelecer parâmetros para o que você fará e não fará.
- Proteger a relação de *coaching* entre você e seu *coachee*

De acordo com o artigo "Protegendo Limites Pessoais", de Laurie Pawlik-Klenlen, limites pessoais são evidentes e eficazes quando você sabe quem você é e trata a si mesmo e aos outros com respeito. Quando você estabelece limites saudáveis, gera uma moldura da qual se utilizará para lidar com pessoas e situações.

Limites saudáveis permitem que você

- Tenha claro "quem você é" e "o que você precisa."
- Tenha respeito por si mesmo.
- Seja responsável por suas ações, sem assumir os problemas dos outros.
- Responda sem culpa, medo e/ou raiva.
- Promova relações saudáveis com as pessoas ao seu redor.
- Reduza estresse.
- Promova um sentimento maior de paz, contentamento e confiança nas relações com outros.

Como você cria limites eficazes?

Para criar limites eficazes você precisa ter clareza sobre o que precisa, quer, gosta/desgosta e deseja para você e seu futuro. O melhor momento para estabelecer limites é "proativamente", antes de um limite ser violado, *versus* "reativamente", após a violação ter ocorrido. O estabelecimento de um limite de forma reativa pode causar uma gama de questões em um relacionamento, pois as expectativas precisarão ser restabelecidas e renegociadas.

Quando você definir limites, considere o seguinte:

- · Seja honesto com o que quer e o que não quer.
- · Determine como você comunicará seus limites.
- · Esteja disposto a gerenciar e aplicar "quebra de limites" com outros.

Como estabelecer limites como *coach*?

O estabelecimento de limites com seus clientes pode ser feito de diversas formas. Algumas opções estão listadas a seguir:

- Fale sobre limites durante o encontro inicial.
- Inclua limites no seu acordo escrito de *coaching*.
- Esclareça expectativas em sua carta de boas-vindas.
- Gerencie os limites durante o processo de *coaching*.

Por que é difícil estabelecer limites?

O estabelecimento de limites pode ser difícil por vezes, especialmente para novos *coaches*. O processo de *coach*ing é geralmente uma experiência íntima. Como *coaches*, nós experimentamos o cerne de "quem" uma pessoa é e damos suporte para que seus esforços a façam mover adiante. Nossos *coachees* compartilham suas esperanças e sonhos para si e para outros. Como resultado, podem se sentir "próximos" a nós, o que, para o processo de *coaching*, pode ser vantajoso, mas, na falta de limites saudáveis, pode ser perigoso tanto para o *coach* como para o *coachee*. E por isso é importante que *coaches* estabeleçam limites.

Coaches que têm dificuldade em estabelecer limites geralmente:

- Possuem baixo respeito próprio.
- Têm dificuldade com o confronto e gestão de conflito.
- Estressam mais facilmente.
- Lidam com questões de raiva, frustração e/ou sentimentos de manipulação com relação a outros/aqueles a quem servem como *coach*.
- Podem não se orientar pelo presente, diante de conflitos de limite.
- Buscam agradar os outros.
- Têm dificuldade em ser assertivos.

Saber estabelecer limites é uma habilidade necessária para que *coaches* sejam eficazes. Para permanecerem "limpos" em sua comunicação com os clientes e não serem pegos em suas "coisas", *coaches* devem ser aptos a estabelecer e reforçar limites eficazes. Ao comunicar limites, é importante ser sincero, claro e respeitoso com relação às expectativas e limites na relação de *coaching*. Muitos *coaches* usam o método SCR:

Ser SINCERO

Ser CLARO

Ser RESPEITOSO

Estratégias para estabelecer limites com confiança

- **Tenha um plano para "ultrapassagem de limites."** Planeje antecipadamente como lidar com limites ultrapassados, bem como quando e como abrirá exceções.

  Quando um limite exige que você diga "não", compartilhe o "porquê" por trás do "não".

  Quando um limite é ultrapassado, informe o que acontecerá a seguir e fale sobre como prevenir que isso aconteça novamente no futuro.

- **Lidere pelo exemplo.** Estabeleça limites e utilize-os! Pense em pessoas que são bem sucedidas em estabelecer, informar e reforçar limites. Considere como interagem com outros e permanecem fiéis a seus limites. Se você deseja que as pessoas respeitem seus limites, tenha certeza de que os comunica com clareza e não permita que outros os infrinjam. Por último, respeite os limites das pessoas, assim como você deseja que respeitem os seus.

- **Conheça suas necessidades.** Saiba do que você precisa e almeje ser bem sucedido. Considere suas relações e sua vida: do que você precisa para ser bem sucedido? Quando souber do que precisa, pergunte-se quais limites serão necessários estabelecer para dar suporte a este sucesso. Por último, comunique esses limites àqueles com quem você interage.

- **Estabeleça limites proativamente.** Estabeleça limites proativamente, e não reativamente. Compartilhar seus limites de uma forma proativa é uma estratégia melhor do que decidir em meio a uma situação estressante que você "não aceitará mais isso". Não coloque suas relações em risco por não ter feito sua lição de casa!

Como estabelecer limites com seus *coachees* de forma proativa?

- **Respeite-se.** Respeite-se o necessário para estabelecer e reforçar seus limites pessoais e como *coach*. Lembre-se de que, para estar no seu melhor com seus *coachees*, você precisa implantar e reforçar seus limites. Se você não reforçar seus limites, será difícil fazer *coaching* com outros para que sejam o melhor que podem.

- **Mostre aos outros como tratá-lo.** A forma como permitimos que outros nos tratem "os treina" para o que nós esperamos em uma relação. Quando você não informa os outros a respeito de seus limites, é como se confirmasse que a forma com que interagem com você é aceitável.

Auxiliando seus *coachees* a estabelecerem limites

Durante o processo de *coaching*, seu *coachee* começará a adotar novos comportamentos, novas formas de pensar e terá novas experiências. Um importante próximo passo é revisar, e às vezes até mesmo reiniciar, seus limites. Como seu *coach*:

- Note como seus novos comportamentos, pensamentos e experiências impactam a forma como se relacionam com outros, bem como a forma como os outros interagem com eles à medida que progridem em direção às suas metas.
- Inicie uma conversa sobre limites. Quando apropriado, compartilhe suas observações a respeito de seus limites em vigor.

Quais os sinais que indicam a necessidade de alguém receber *coaching* sobre limites?

- Não respeitam seus limites como *coach*.
- Estão constantemente estressados.
- Não conhecem seus próprios limites.
- Constantemente não se posicionam quanto ao que desejam e precisam.
- Têm dificuldade em articular o que desejam e precisam.
- Têm dificuldade em lidar com responsabilidade – dificuldade em assumir a responsabilidade ou tendência a assumir a responsabilidade dos outros.
- Habitualmente sacrificam suas necessidades e desejos em função das necessidades e desejos de outros.

Técnicas para ajudar um *coachee* a desenvolver limites mais fortes

- **Defina necessidades e desejos.** Peça à pessoa que defina suas necessidades e desejos à medida que progride para suas metas. Uma vez que suas metas sejam definidas, peça para que liste seus limites com relação às suas necessidades e desejos.
  - Pergunte à pessoa o que precisa para se mover em direção às suas metas.
  - Baseado na questão anterior, peça que defina os limites necessários para que se mova adiante.
  - Pergunte que ajuda será necessária para haver sucesso na implantação e reforço dos limites.

- **Converse de forma assertiva.** Fale a respeito da habilidade da pessoa em reforçar limites de forma assertiva.

- **Desafie seu cliente.** Se você notar um padrão de falta de posicionamento da pessoa quanto aos limites, ou de permissão para que outros tirem vantagem dela, considere conversar a respeito de limites de comunicação e respeito próprio.

- **Responsabilidade.** Note padrões que mostrem dificuldade em assumir responsabilidade ou tendências a assumir a responsabilidade por outros.
    - Peça que a pessoa defina suas responsabilidades em relação a seus limites.
    - Peça à pessoa que defina onde sua responsabilidade começa e onde termina.
    - Fale sobre os riscos de se responsabilizar pelas ações de outros, além de situações, etc.
    - Fale sobre os impactos negativos de não assumir responsabilidade por suas próprias ações.
- **Converse sobre limites.** Se a pessoa tem dificuldade em estabelecer limites para si mesma, ou em relação a outros, converse sobre o poder de estabelecer limites e respeitar-se a ponto de reforçar esses limites.

Capítulo 2

Os Oito Blocos de Construção do *Coaching*

Uma das minhas seções favoritas em uma livraria é a seção do "como fazer". É incrível quantos livros de "como fazer" existem e a quantidade de tópicos que eles abrangem. Como fazer para: construir um deck, consertar o carro, tricotar, cozinhar, encontrar seu par perfeito, etc.

Esta é a seção que lhe apresenta o "como fazer" do *coaching*. Ao longo das próximas páginas, você descobrirá as competências centrais e habilidades do *coaching* – nós as chamamos de blocos de construção. Esses blocos de construção deverão ser a base de seu *coaching*

1. ESCUTA ATIVA

Todo *coaching* se inicia com a escuta!

Não siga adiante até que você realmente entenda isto: todo o trabalho inicia com a escuta. Muitas vezes nós não damos o devido valor à escuta. Quantas vezes alguém tentou ajudá-lo com uma solução sem ouvir qual de fato era o problema? As pessoas não fazem por mal, mas na realidade não conseguem ajudar muito dessa maneira. Anos atrás, fui a um médico que ouviu meus sintomas por mais ou menos treze segundos e já começou a me conduzir para a porta de saída, passando a receita antes mesmo de eu terminar. Eu rapidamente aprendi a ficar perto da porta.

Então, o *coaching* começa com a escuta – escuta ativa. A qualidade de nossa escuta produz um impacto direto sobre a qualidade de nosso *coaching*. Não temos como desvendar o melhor em outra pessoa, ou descobrir suas grandezas, se não tivermos escutado o necessário para enxergá-las.

A escuta é um dos maiores presentes que você pode dar a alguém e traz tremendos benefícios. Considere o seguinte caso para estudo:

Nancy Kline deu oportunidade para todos os membros de um time de gerentes seniores escutarem e serem escutados. O resultado verificado foi uma economia de tempo de 62%, ou 2.304 horas de gestão por ano (*Time to Think: listening to ignite the human mind* [Tempo para reflexão: a escuta como ignição à mente humana], página 70).

O que é escutar? Escutar é...

- Ter curiosidade sobre o outro.
- Aquietar sua mente para estar totalmente presente com o outro.
- Criar um espaço seguro para o outro explorar.
- Transferir a mensagem de que a pessoa é importante.
- Não se preocupar em dar respostas, mas em explorar possibilidades.
- Refletir, como um espelho, o que você percebeu da pessoa.
- *Realmente* "captar" o outro.

E é importante perceber que existe uma grande diferença entre a audição e a escuta:

- A audição é um processo auditivo. A escuta é um processo intencional.
- Audição é feita com os ouvidos. A escuta envolve todos os sentidos e o próprio ser.
- Audição inclui palavras, detalhes e informações. Escuta envolve outros níveis mais profundos.
- Audição envolve saber sobre alguém. Escuta envolve estar com alguém.
- A escuta é uma habilidade a ser desenvolvida.

Coaches escutam de maneira tão próxima que as respostas praticamente vêm sozinhas. A proporção ideal de escuta é de 80% do tempo *versus* 20% de respostas. Uma vez alguém me disse que palavras compreendem aproximadamente 7% do que comunicamos. Ou seja, a maior parte de nossa comunicação não envolve palavras, e *coaches* sabem disso. É por isso que *coaches* escutam em níveis múltiplos. Vejamos uma amostra do que um *coach* escuta:

- Tanto o que a pessoa diz como o que não diz.
- O que vem de dentro (um nível sensorial de escuta).
- Escuta para "captar" a outra pessoa.
- Escuta sem julgamento, crítica ou viés, criando um espaço seguro para que a pessoa se abra.
- Escuta sem pensar sobre o que será dito a seguir.
- Escuta buscando por valores, frustrações, motivações e necessidades.
- Escuta buscando a grandeza da pessoa que passa pelo processo de *coaching*.
- Escuta as crenças limitadoras e falsas percepções. O que a pessoa *realmente* crê sobre o futuro e seus resultados?
- Escuta de expressões como "eu tenho que", "eu devo", "eu teria que", "eu deveria", que são indicadores frequentes de obrigação e culpa *versus* o que a pessoa *realmente* quer.
- Escuta 'óbvios' que a outra pessoa não consegue enxergar.

- Escuta o tom, volume, ritmo, inflexão e palavras que se repetem, e também quando estes têm alguma alteração.
- Escuta o contexto maior.
- Escuta com atenção até o final das declarações. Lembra-se das pias que se utilizavam de água de poço? Era necessário deixar a água correr por um tempo antes de chegar a boa água. As melhores palavras geralmente também chegam ao final!
- Escuta suas próprias reações enquanto escuta.

Para ser apto a escutar em múltiplos níveis, o *coach* deve aquietar sua mente de considerações ou conversas internas. Ele precisa criar um ambiente físico que promova a escuta ativa, observando o espaço e ritmo da vida e gerenciando seus compromissos e agenda. *Coaches* amadurecem para se sentir confortáveis com o silêncio, resistindo à necessidade de preencher o espaço. Quando eu ainda era um novo *coach*, lembro-me de um *coach* experiente dizendo que a escuta ativa é semelhante a permanecer em frente a uma piscina. Para que vejamos o fundo com clareza, é necessário ficar quieto, absolutamente quieto.

Pare por um momento e considere suas próprias possíveis barreiras à escuta ativa. Quais são alguns passos que você pode dar para administrar estes desafios?

Aqui vão alguns exercícios para melhorar sua escuta:

Coloque a televisão no 'mudo.' Como a maior parte do que comunicamos não é verbal, por que não colocar a televisão no mudo e se divertir tentando adivinhar o que está sendo comunicado? Para realmente testar sua habilidade, grave o programa enquanto assiste sem som, para depois assistir com som.

Espelhe. Separe um tempo com um colega para exercitar um período para cada um falar e escutar. Quando você for a pessoa que escuta, tente escutar ao máximo, como se você fosse um espelho. Reflita o que ouviu e então pergunte se você entendeu corretamente, se ouviu corretamente.

Grave uma conversa. Com a permissão da outra pessoa, grave uma conversa em que você intencionalmente se esforce para escutar profundamente. Logo após a conversa, escreva o que sua escuta ativa revelou e, então, escute a gravação da conversa. O que mais você percebeu? O que você perdeu?

Pratique escuta seletiva. Decida que, durante a próxima semana, você será seletivo no que escutar e focará em um elemento específico. Por exemplo, você pode escolher identificar os valores que enxerga além das palavras das pessoas. Ou você pode escutar sinais de frustração, ou sinais de grandeza. Ao longo do curso desta semana, preste atenção à área escolhida, treinando-se a escutar este elemento em particular. Perceba quando escutar o elemento com clareza. Que circunstâncias permitiram que isso se tornasse possível, tanto dentro de você como fora? O que acontecia quando teve mais dificuldade de escutar este elemento?

Lembre que pessoas que sabem escutar ouvem com:

- **Ouvidos.** Escutam as palavras ditas, assim como ritmo, tom, impostação e inflexão. Elas buscam a essência do que é dito.
- **Olhos.** A maior parte de nossa comunicação é não verbal. Pessoas que sabem escutar percebem a linguagem corporal de quem fala.
- **Todo corpo e ser.** Aqueles que têm o dom de escutar percebem como eles próprios recebem as mensagens, prestando atenção no que se passa em seu próprio interior enquanto escutam a outros.

2. PERGUNTAS PODEROSAS

Em minhas recentes viagens para realização de treinamentos, eu ouvi uma declaração no rádio que me impactou muito: "A história mudou quando uma única questão mudou; quando deixamos de perguntar 'Como chegamos à água?' e passamos a perguntar 'Como a água vem até nós?'".

Que mudança radical para os seres humanos!

Meus pensamentos imediatamente se voltaram para a relação disso com a liderança. Quanto nossas organizações mudariam se nós mudássemos nossas perguntas?

Por exemplo, se você for um líder empresarial, aqui estão algumas perguntas que deve fazer neste momento:

1. Como fazemos para que clientes venham até nós?
2. Por mais quanto tempo conseguimos arcar financeiramente?
3. Como fazer com que nossos colaboradores comprem esta ideia?

Conselhos e líderes passam literalmente horas sobre a questão número 1, mas eu penso que se mudássemos a pergunta, talvez conseguíssemos chegar a resultados totalmente diferentes. E se questionássemos: "Como podemos ir até os clientes?" Ou ainda: "Como podemos criar um impacto positivo sobre nossos clientes?"

A questão número 2 sugere um pensamento limitado, que foca no que está faltando e não no que há em abundância. E se perguntássemos: "O que mais podemos fazer com os recursos que temos?". E se olhássemos para "como podemos desenvolver as pessoas que estão conosco, para que contribuam mais e todos saiam ganhando?".

Na questão número 3, parece que estamos tentando persuadir ou até manipular as pessoas a fazer algo que não querem de verdade. E se perguntássemos: "O que mais entusiasma as pessoas e como podemos dar-lhes a oportunidade de nos dar suporte enquanto preenchem suas próprias paixões e interesses?". As pessoas ficam felizes em investir tempo, energia e recursos, quando juntamente se sentem preenchidas.

Eu o convido a escutar as questões que você e/ou sua organização têm feito. São questões limitadoras, como nos exemplos anteriores, ou são perguntas poderosas? E qual é a diferença?

Uma das maiores ferramentas nas mãos de um *coach* são as perguntas poderosas. Perguntas poderosas são normalmente abertas, dando espaço à contemplação e reflexão, em vez de se limitarem às opções de sim e não. Perguntas poderosas promovem a exploração de novas possibilidades e estimulam a criatividade. Elas colocam os indivíduos ou grupos num lugar de responsabilidade, capacitando-os a considerar o que é melhor para si

Perguntas poderosas nos abrem possibilidades além da realidade que vivemos hoje, empurrando-nos ao território de nossas visões para perguntar: "Que oportunidade existe nesta situação?"

Perguntas que limitam, por outro lado, podem não ser perguntas de fato. Elas podem ter o propósito de mascarar uma declaração de culpa, obrigação. Seria algo como: "Por que você fez desta forma?"

Aqui estão alguns exemplos de perguntas poderosas:

- Como utilizar melhor as forças de sua organização?
- Que tipo de líder você seria se fosse orientado pela paixão?
- De qual sonho você desistiu?
- Qual de seus papéis alguém poderia realizar, e talvez até melhor do que você?
- O que aconteceria de pior se você fizesse menos?

O que faz com que uma pergunta seja poderosa? Perguntas poderosas são:

- **Diretamente conectadas com a escuta ativa, permitindo ao *coach* formar a pergunta mais efetiva.** No início do meu *coaching* eu acreditava que havia apenas um tipo certo de questão e que eu devia até mesmo me equipar com uma longa lista de perguntas que pudesse consultar durante o *coaching*. O que eu rapidamente descobri é que as perguntas mais poderosas eram criadas espontaneamente e que o poder da questão estava diretamente relacionado à minha habilidade de escutar atentamente.

- **Breves.** Elas vão direto ao ponto. Pode ser difícil resistir a adicionar uma explicação ou outra pergunta em vez de apenas esperar que a pessoa responda.

- **Livres de qualquer intenção camuflada.** Elas não devem sugerir, nem induzir. Na profissão de *coaching*, nós dizemos que as perguntas que induzem são as "perduções" (perguntas com induções). Perguntas poderosas auxiliam uma pessoa, ou grupo, a se mover à frente no caminho da descoberta.

- **Normalmente abertas, propiciando o ambiente à conversa.** Em geral, perguntas que levam a respostas "sim/não" conduzem à rápida finalização e a um pensamento limitador e de exclusão (isso ou aquilo). Perguntas poderosas promovem um pensamento mais aberto e inclusivo, abrindo o *coachee* para um escopo maior de possibilidades (isso e aquilo).

- **Esclarecedoras.** TElas ajudam a esclarecer e reduzem o pensamento e respostas automáticos. Clientes de *coaching* me relatam constantemente que apreciam como o *coaching* cria a oportunidade de darem um passo para trás, pressionarem o *"pause"* e discernirem o que realmente querem.

- **Capazes de transformar a perspectiva.** Perguntas poderosas nos convidam a andar para o outro lado do ambiente e olhar para a mesma coisa sob um diferente ângulo ou perspectiva.

- **Para o benefício da pessoa que passa pelo processo.** Lembre-se de que o *coach* não é um expert e não tem de descobrir as coisas ou trazer soluções. Assim, nossas perguntas devem ser voltadas a auxiliar a descoberta do *coachee* e desenvolver sua própria perspectiva e sabedoria sobre determinada situação.

Tipos de perguntas poderosas

Perguntas que auxiliam a pessoa a ganhar perspectiva e entendimento:

- Qual é a verdade sobre esta situação?
- Com quem você se parece?

- O que o mantém acordado à noite?
- Há qualquer outra coisa importante que eu saiba?

Perguntas que evocam descoberta:
- O que você realmente deseja?
- O que há de perfeito nisso?
- Qual é o ganho nisso?
- Quais informações adicionais você precisa?
- Quanto isso está custando a você?
- Quem pode ajudá-lo com isso?

Perguntas que promovem clareza e aprendizado:
- E se as coisas forem tão ruins quanto parecem?
- No que você está se sabotando?
- Qual é o custo de não mudar?
- E agora, o que vem a seguir?
- O que existe além desta situação?

Perguntas que chamam à ação:
- Quais as possibilidades hoje?
- Quão rapidamente você consegue resolver isso?
- Quem você conhece que passa por isso?
- Com o que se parece o sucesso?
- Qual é o primeiro passo? Quando você vai tomá-lo?

No começo desta parte sobre perguntas poderosas você leu que a história mudou quando uma única pergunta também mudou. Questões são uma ferramenta poderosa à nossa disposição. Uma pergunta poderosa, derivada de uma escuta ativa, pode mudar tudo. Mude suas perguntas; mude sua organização, sua casa e você mesmo.

A seguir você encontrará alguns exercícios, estratégias e exemplos para que desenvolva seu entendimento e utilização das perguntas poderosas:

Cenário nº 1: Sua liderança não tem conseguido agir sobre algo que foi decidido há meses. Sua equipe parece estagnada nessa questão. Que perguntas poderosas você poderia fazer?

Cenário nº 2: Você está preparando um evento e espera uma resposta específica dos participantes. Que perguntas poderosas você poderia fazer?

Cenário nº 3: Você está reunido com um casal que luta com uma questão no relacionamento. Eles têm uma relação relativamente saudável, mas estão estagnados em uma questão em particular. Cada um culpa o outro, dizendo coisas como "ela não me entende" e "ele nunca fala comigo". Que perguntas poderosas você poderia fazer a este casal?

As 10 melhores perguntas do Val

1. Em uma escala de 1 a 10, qual nota você daria...?
2. Qual o ganho de não tomar nenhuma atitude?
3. Qual é a verdade sobre essa situação?
4. Qual é sua visão?
5. O que vem depois disso?
6. O que insiste em ficar no caminho?
7. Qual é a solução mais simples?
8. Quem pode ajudá-lo com essa questão?
9. O que você pensa quando está confuso?
10. O que você realmente quer?

Algumas pessoas colecionam selos, moedas ou colheres, mas eu coleciono perguntas. Eu fico positivamente intrigado com perguntas. Para ver mais de minhas favoritas, leia o Anexo A no final deste livro.

Comece sua próxima reunião com perguntas poderosas

Uma reclamação comum que ouço de líderes se refere à pobreza de discussões e contribuições por parte dos membros dos grupos: "Como fazemos para que as pessoas compartilhem suas ideias e comentários em nossas reuniões? Nós até enviamos os tópicos a serem discutidos antes e ninguém parece se preparar".

Deixe-me sugerir uma pequena mudança para impactar as discussões. Em vez de organizar os tópicos, desenvolva algumas questões a partir de seus objetivos iniciais para fazer as pessoas pensarem. Por exemplo:

Objetivos iniciais:

1. Atualização financeira.
2. Relatório da liderança.
3. Atualização de métricas.
4. Etc.

Objetivos revisados com perguntas:

1. Quais são as possíveis formas de aumentar a receita em meses de baixo consumo?
2. Precisamos desenvolver uma nova estratégia de seleção e retenção. Quem tem ideias para compartilhar sobre esse assunto?
3. Nossos últimos três meses foram de insatisfação por parte de nossos clientes. Qual nosso próximo passo?
4. Que outros itens devemos abordar hoje

3. LINGUAGEM ARTISTICA

Muitos de nós crescemos com a declaração "paus e pedras podem me ferir, mas palavras nunca me machucarão". Não existe nada mais longe da verdade!

Nossas palavras fazem a diferença. Elas podem ser uma catapulta que impulsiona alguém para perto de seus sonhos e esperanças, mas também podem reforçar dúvidas e descrenças limitadoras, acabando com esperanças e sonhos. Pense nas palavras como um bisturi. Nas mãos de alguém habilidoso e altruísta, pode ser inofensivo, enquanto nas mãos de uma pessoa imprudente, ou até mal intencionada, pode gerar **efeitos devastadores ou mesmo mortais**. As palavras são como um pincel nas mãos do *coach*; é o pátio dedicado ao nosso trabalho mais significativo.

Vamos discorrer sobre as peças que equipam esse pátio:

- As palavras de fato.
- A adequação das palavras.
- Distinções.
- Validação.

As palavras de fato

Pergunte-se: como as palavras que escolhi estão impactando a outra pessoa? Em *coaching*, normalmente nos referimos a este aspecto como "aterrissagem". Suas palavras estão favorecendo um ambiente seguro e convidativo, que encoraja a outra pessoa a ir mais fundo e chegar às questões centrais? Ou será que a outra pessoa está tão ocupada em desviar das facas e canivetes que você está lançando que a única coisa que pode dizer é "ai!"?

Em nossas conversas cotidianas, as palavras normalmente contêm assunções, pressuposições, julgamentos, manipulações e sugestões. Nas conversas de *coaching*, intencionalmente escolhemos palavras que são neutras, livres de manipulação ou qualquer intenção. O tom de voz é igualmente importante. A mesma palavra com diferentes tons pode ser ouvida de formas totalmente distintas.

A adequação das palavras e frases

Coaches percebem as palavras e frases da outra pessoa. Quando apropriado, um *coach* adequará suas palavras e frases às da pessoa e, quando oportuno, introduzirá novas palavras e frases. *Coaches* também prestam atenção ao ritmo e padrão de linguagem. Por exemplo, quando questionadas, pessoas mais introvertidas tendem a processar primeiro, para depois falar, enquanto pessoas mais extrovertidas tendem a processar enquanto falam. O *coach* experiente às vezes se adequará para transmitir um sentimento de aceitação; e em outras vezes intencionalmente mudará o ritmo e padrão para conseguir a atenção do *coachee*.

O *coach* também busca palavras que auxiliem a pessoa a descobrir, descrever seus valores e definir sua realidade, o que pode ser muito útil na facilitação da mudança. Geralmente, envolvem palavras e frases populares que vêm de uma cultura atual ou passada e podem incluir televisão, filmes, música, metáforas, histórias e citações.

Exemplos de metáforas:

- Estrada de mil quilômetros começa no primeiro passo.
- Quebrando o telhado de vidro.
- Nadando no mar de possibilidades.
- Parece que você está em uma montanha-russa

Exemplos de histórias:

- As Roupas Novas do Imperador e a importância de dizer a verdade.
- Forrest Gump, "a vida é como uma caixa de chocolates".
- A lição de Humpty-Dumpty, de que algumas coisas na vida não podem ser reconstruídas

Exemplos de citações:

- "E chegou o dia em que o risco de permanecer apertada no botão era mais doloroso que o risco necessário para florir." — Anais Nin
- "É terrível olhar para trás quando você está tentando liderar – e não ver ninguém." — Franklin Delano Roosevelt
- "A maioria dos líderes não precisam aprender o que fazer . Eles precisam aprender o que para parar." — Peter Drucker

Exemplos de cultura popular vinda de mídia incluem:

- A mú,sica "Don't worry, be happy" ("Não se preocupe e seja feliz.")
- "Você está demitido!" do programa de televisão de Donald Trump, "O Aprendiz."
- O programa de televisão *O Sobrevivente* e a frase "getting kicked off the island" ("sendo expulso da ilha").
- Um lugar onde "todos sabem seu nome," da música-tema do programa de televisão "Cheers".

Distinções

Distinções são duas palavras, ou frases, que são próximas no significado, mas na realidade passam diferenças importantes, as quais criam uma conscientização que serve como instrumento para impulsionar o indivíduo adiante.

Considere a seguinte distinção e a mudança sutil, mas ao mesmo tempo enorme, que gera:

Definição por obstáculos *versus* **definição por oportunidade.**

- Definir-se por obstáculos significa que você define a si mesmo e suas decisões com base nos obstáculos que encontra. Uma vida definida pelos obstáculos é reativa e se move para longe de alguém ou alguma coisa.

- Definir-se por oportunidades significa que você se define e baseia suas decisões nas oportunidades. Você considera os obstáculos, mas decide manter o foco na figura *macro*, ou seja, em sua visão. Aqui, o movimento é para alguém ou alguma coisa e normalmente envolve proatividade.

Distinções adicionais:

- Perfeição *versus* excelência.
- Acrescentar quantidade *versus* acrescentar valor.
- Viver de acordo com o padrão *versus* definir seu estilo de vida.
- Trabalhar duro *versus* produzir resultados.
- 'Ou isso, ou aquilo' *versus* 'isso e aquilo'.
- Priorizar o que está em sua agenda *versus* agendar suas prioridades.
- Fazer coisas poderosamente eficazes *versus* ser poderosamente eficaz.
- Planejar *versus* preparar.

A seguir estão seis mudanças que eu o convido, como líder, a aplicar em seu contexto:

- Do diagnóstico para o desenvolvimento.
- Do "fazer" para "capacitar".
- De contar para explorar.
- Da negligência para a atenção.
- Da excelência para a eficácia.
- Do profissional para o empreendedor.

Validação

A maior parte das pessoas, quando questionada a apresentar uma lista de suas fraquezas e forças, acha mais fácil listar as fraquezas. Por quê? Porque a maioria assume que, se ao menos conseguir consertar suas fraquezas, ou corrigir o que há de errado consigo, em algum momento poderá chegar a um estado excelente!

Considere um dado: uma pessoa comum, em qualquer dia, tem entre 12 mil e 50 mil pensamentos. Por volta dos oito anos, a maior parte desses pensamentos terá sido negativa (por exemplo, "não sou bom o suficiente", "eu não consigo", "o que há de errado comigo?"). Todo o mundo é feito de pessoas que exercem o julgamento e desaprovação de si mesmas.

A validação cria um ambiente de aceitação e segurança. Quando as pessoas se sentem seguras e aceitas, ficam mais abertas à curiosidade e exploração de novas coisas.

O livro *Living Your Strengths* (*Vivendo suas forças*) inclui um conto hassídico que ensina a importância de validar nossas forças.

Quando velho, o Rabi Zusya disse: "No mundo futuro, não perguntarão a mim por que não fui Moisés, mas me perguntarão por que não fui Zusya." Esta é uma pergunta de Deus para todos nós. Não há expectativa de que sejamos quem não somos, mas quem somos" (*Living Your Strengths*, Albert L. Winesman, Donald O. Clifton e Curt Liesveld, página 10).

We are not expected to be who we are not. We are expected to be who we are. (*Living Your Strengths*, by Albert L.Winseman, Donald 0. Clifton and Curt Liesveld, Page 10).

Ben Zander compreendeu a importância da validação. Em *A arte da possibilidade,* um livro que escreveu em parceria com sua esposa, ele descreveu o discurso dado a cada nova classe de alunos: "Cada estudante nesta classe começa com nota dez. No entanto, há um único requerimento para que ganhem esta nota. Em algum momento ao longo das próximas duas semanas, vocês devem me escrever uma carta datada de maio próximo, que começará com as palavras 'Prezado Senhor Zander, eu tive nota dez porque...'. E nesta carta vocês contarão, com o máximo de detalhes que puderem, a história do que terá acontecido com vocês até maio próximo e que dará ensejo a esta excelente nota". Esta é uma prática que reconhece e valida a grandeza das pessoas e as convida a viverem tal grandeza.

"Each student in this class will get an 'A' for this course. However there is one requirement that you must fulfill to earn this grade:

Imagine se uma organização qualquer numa comunidade ganhasse a reputação de dar notas dez em vez de julgar. Ou se o foco mudasse do que as pessoas não são para quem elas são e para quem estão se tornando. Veja seu contexto como um lugar onde as pessoas são constantemente lembradas de que foram feitas com ousadia e de forma maravilhosa. Quão diferente seria nosso mundo?

No livro *Time to Think (Tempo para reflexão*, páginas 62-64), de Nancy Kline, lemos sobre como a sociedade nos ensina que seremos vulneráveis e ingênuos se formos positivos, mas seremos sofisticados, com informação e conteúdo, se assumirmos uma postura crítica. Muitas pessoas são ensinadas que o elogio é um caminho perigoso que leva à falta de modéstia. É como se, ao ouvir algo bom a seu respeito e não rejeitar instantaneamente o elogio, você se transformasse num egocêntrico fora de controle. Isso é ridículo

Na realidade, a transformação ocorre com mais eficácia num amplo contexto de reconhecimento genuíno, segundo diz Kline. O elogio, ou apreciação (o que chamamos aqui de validação), não é importante para gerar um sentimento bom, mas para auxiliar as pessoas a pensarem por si mesmas nos momentos de crise. Nós devemos almejar uma proporção de 5:1 entre a apreciação e a crítica. A apreciação aumenta nossa inteligência e nos ajuda a pensar melhor.

4. AÇÃO E RESPONSABILIDADE

Quando começamos a explorar a ação e responsabilidade, um participante de um treinamento de *coaches* disse: "Finalmente, a parte boa!". Quando perguntei o que queria dizer com aquilo, ele disse que tudo que havia sido discutido até aquele momento, ainda que relevante, não faria realmente diferença a menos que houvesse alguma ação. E, sob várias perspectivas, ele estava certo. Uma das principais razões pelas quais uma pessoa ou um grupo decide trabalhar com um *coach* é a busca da ação para atingir suas metas. Ação e progresso são de fato algo muito bom

Há três componentes para ação e responsabilidade: exploração de ideias, plano de ação e acompanhamento.

A essa altura do processo de *coaching*, há grande tentação para tomar a frente e fazer o plano de ação. Eu quero que você resista e, em vez disso, separe mais um momento para dedicar à exploração de ideias. Por que dou essa sugestão? A tendência de nosso *coachee* é agir de forma similar, se não exatamente igual, ao que fazia antes. O problema é que os mesmos passos gerarão os mesmos resultados. A razão pela qual a pessoa, ou o grupo, está fazendo *coaching* é justamente para chegar a resultados diferentes! Uma frase na parede de meu escritório me lembra do seguinte princípio: nada muda se nada mudar.

A exploração de ideias auxilia a pessoa a ver as mesmas coisas de formas diferentes. Ela possibilita que o indivíduo descubra, por si mesmo, diferentes perspectivas e possibilidades, o que envolve conseguir distinguir entre fato e percepção/interpretação, assim como ganho de clareza e definição de sucesso.

Um excelente exemplo de exploração de ideias ocorreu em um episódio de televisão do seriado *Seinfeld*, do qual participou George Constanza, amigo de Jerry. George era uma daquelas pessoas que não conseguem fazer nada direito. Ele já tinha mais de trinta anos e morava na casa de seus pais, não tinha um trabalho, nem relacionamentos, e estava perdendo o que ainda lhe restava de cabelo, além de ser considerado pouco atraente.

Foi então que George Constanza teve uma revelação, dizendo algo como: "Jerry, está muito claro que minha vida é o oposto de tudo que eu sempre quis que fosse. De agora em diante, farei tudo diferente."

Se você assistiu a esse episódio, talvez se lembre do que aconteceu quando George fez o oposto. As coisas começaram a caminhar bem porque ele estava disposto a olhar para as situações de forma totalmente diferente e sair de sua zona de conforto

Eu quero que meus *coachees* tenham esse tipo de revelação quando juntos exploramos ideias antes de criar um plano de ação. Eu normalmente peço que eles deixem a ação de lado por um momento e me tragam cinquenta outras possíveis ações. A maioria dá risada; alguns ficam mudos. Eu refaço meu pedido e faço algumas perguntas como:
- Qual o passo mais radical que você poderia dar?
- Qual seria o próximo passo mais simples?
- Quem poderia ajudá-lo a gerar mais ideias para os próximos passos?
- Quais possibilidades você desconsiderou por mais de uma vez?

Anos atrás eu fui *coach* de um pastor que queria trabalhar no lançamento da visão para sua organização. Seu método para lançar uma visão até então consistia em pregar a seu respeito com entusiasmo no primeiro domingo de cada ano novo. Ao conversarmos, ele reconheceu que esse método deixava as pessoas entusiasmadas por alguns dias, mas não gerava um progresso real. Eu então pedi a ele que deixasse aquela ação de lado e nas duas semanas seguintes refletisse sobre cinquenta outras possibilidades para lançar uma visão. Ele insistiu que não conhecia outras formas, e eu insisti que ele me trouxesse essa lista.

Duas semanas depois, ele me trouxe uma lista com cinquenta formas de lançar uma visão e esta foi a forma como o fez. Na noite após nossa reunião de *coaching* anterior, ele esteve com amigos e contou a eles, de forma sarcástica, sobre o pedido ultrajante que seu *coach* havia lhe feito: cinquenta formas de lançar a visão. Um dos amigos começou a cantar a música "Cinquenta formas de deixar seu amor" e em poucos minutos todos começaram a cantar "Cinquenta formas de lançar uma visão." Nos momentos seguintes, com a ajuda dos amigos, ele chegou às cinquenta formas. Agora sim ele estava pronto para desenhar o plano de ação!

Desenhando a ação por meio de um plano

No contexto da exploração de ideias, um plano começa a surgir. Tal plano envolve próximos passos que são atingíveis, mensuráveis, específicos e com datas para entregas. Na maioria dos casos o plano lida tanto com o que você necessita fazer como quem precisa se tornar para atingir suas metas. O comprometimento, como no caso das "Cinquenta formas de lançar uma visão", normalmente vem de forma natural.

Algumas técnicas para definir a ação incluem:

- **Um passo por vez.** Às vezes as pessoas ficam imobilizadas por todas as coisas que têm de fazer acontecer. Quebrar os passos em passos menores pode auxiliá-las a começar a realizar a ação.
- **Planejamento às avessas.** Começar com o final (a meta) e então se mover para o começo para definir passos para chegar à meta.
- **Validação.** Reconhecer o que já foi alcançado.
- **Criação de estrutura.** Identificar o que e quem auxiliará o cliente a manter-se focado na tarefa em curso.
- **Estratégia.** Considerar o que pode atrapalhar o processo e definir ações preventivamente.
- **Ancoragem.** Constantemente lembrar a pessoa, ou grupo, sobre a importância do que está fazendo e onde está no plano.
- **Dias de "blitz".** Ajudar o cliente a separar tempos preciosos para lidar com tudo o

que está no caminho ou precisa ser feito para que permaneça firme na tarefa.

* **Identificação de ações diárias.** Auxiliar a criar o movimento e momento diário.

Às vezes, fórmulas podem ajudar. Considere o modelo G.R.O.W.

G	Goal (meta)	Qual é a meta/objetivo?
R	(Current) Reality (realidade atual)	Como estamos?
O	Opportunities (oportunidades)	Quais são as oportunidades?
W	What (o que)	Qual é o próximo passo?

Acompanhamento

Em uma relação de *coaching*, há a chance natural de se rever o processo e fazer correções de curso. Na maioria dos casos, eu atendo as pessoas duas vezes ao mês; duas vezes em que fazemos um acompanhamento. Eu normalmente começo cada reunião de *coaching* com perguntas como:

* O que aconteceu desde a última vez que nos vimos?
* O que não aconteceu e que você gostaria que tivesse acontecido?
* O que surgiu pelo caminho? Quais foram os desafios?
* O que você me contará em nosso próximo encontro com relação a essa ação?
* No que você quer focar hoje?

Note que a responsabilização é algo que vai se tornando palatável, pois não há julgamento ou vergonha envolvida. Não há culpa ou manipulação. Esta crescente responsabilização é parte natural da relação de *coaching*. Um pastor disse uma vez que a responsabilização, na realidade, é uma forma de se aproximar dos objetivos.

5. A RELAÇÃO DE *COACHING*

No mercado de imóveis, as três coisas mais importantes são: localização, localização e localização. Esse princípio tem também significado no *coaching*, no qual as três coisas mais importantes são: relacionamento, relacionamento e relacionamento. A relação de *coaching* é o veículo para a mudança e a transformação.

Uma forma de ver a relação de *coaching* é a dança. Usemos o exemplo do grande casal de dançarinos Fred Astaire e Ginger Rogers para descrever a dança da relação de *coaching*. Considere Fred Astaire o *coachee* e Ginger Rogers o *coach*. Note que Ginger fazia tudo o que Fred fazia (só que de costas e usando salto!), mas sendo direcionada por ele.

Fiquemos com a dança do *coaching* para entender ainda melhor a maneira única e habilidosa na qual *coaches* se relacionam. Fred e Ginger desenvolveram uma segurança e confiança que os levou a se aproximarem. Um nível de intimidade estava presente, sem qualquer violação, o que lhes permitia que se conhecessem muito, a ponto de anteciparem o movimento um do outro. Esta espontaneidade total envolve um saber que vai além do que tipicamente, ou racionalmente, é sabido e observado. É semelhante ao atleta que consegue antecipar onde a bola será arremessada, antes de isso acontecer.

Novos *coaches* normalmente me perguntam como desenvolver a presença de *coaching* – um nível de saber mais profundo. Não há atalhos para desenvolver um nível mais profundo. Tudo começa com a escuta ativa. Pratique a escuta, e então pratique de novo, e de novo. Desenvolva e use questões poderosas e faça escolhas artísticas com sua linguagem. Aqui estão algumas ferramentas adicionais que têm ajudado outras pessoas que tenho treinado:

- **Fazer anotações.** A arte da escrita auxilia muitos a irem mais fundo. Anote o que consegue notar na reunião de *coaching*. Lembre-se de que a escuta ativa utiliza os olhos e os ouvidos. O desafio de fazer anotações está em fazê-lo de forma que incremente, e não atrapalhe, sua escuta ativa.
- **Autocuidado.** É difícil ir mais fundo quando você mal lida com o nível mais superficial da vida. Siga para um extremo autocuidado. É tempo!
- **Revisão de seu *coaching*.** Grave uma reunião de *coaching* e depois a ouça. Então avance um passo e peça a seu *mentor-coach* que também ouça e dê seu *feedback*, especificamente sobre sua postura no *coaching*.
- **Oração e meditação.** Aquiete-se intencionalmente antes e depois de uma reunião de *coaching*. Como você se mostra faz diferença.
- **Risco.** Compartilhe suas intuições, suspeitas ou sensações. Inicie falando algo como: "Eu gostaria de parar um pouquinho com você e considerar algo que estou ponderando (notando), mas posso estar totalmente errado...".
- **Ouvir com o coração em vez da mente.** Intencionalmente altere do intelecto para a intuição. Peça a seu *coachee* que também saia da mente e ouça seu coração. Pergunte o que sente em seu corpo naquele momento e o que ele pode estar tentando dizer.

Voltemos ao Fred e à Ginger para outro componente único da relação de *coaching*. Note que Fred e Ginger não estão tentando corrigir ou julgar os passos um do outro enquanto dançam. Há um respeito mútuo pelo nível de habilidade e competências de cada um. Tanto ele como ela têm sua própria experiência, força e dons, e a forma com que se relacionam traz o melhor de cada um. Na pista de dança, um está em contato com as grandezas do outro.

Como acessar a grandeza de outra pessoa ou grupo? No seu cotidiano e vida pessoal, intencionalmente pratique a busca pela grandeza. No início você provavelmente verá como é muito mais fácil diagnosticar, e quão frequentemente você deixa a grandeza passar despercebida. Seja gentil com você mesmo; a maior parte dos líderes espirituais, remunerados ou não, foram formal ou informalmente treinados para diagnosticar problemas. Com o tempo, você começará a notar a grandeza com mais prontidão.

A seguir, comece a dizer aos outros sobre a grandeza que enxerga neles, o que provavelmente desqualificarão ou não darão importância. Continue dizendo a eles, porque o que importa é a mudança que está fazendo em como se relaciona com eles – uma pessoa ou grupo de pessoas completo. Em algum momento, assim como Ginger e Fred, você terá acessado a grandeza de outros com facilidade e graça e também notará que sua nova forma de se relacionar será um ímã atrativo para trazer pessoas a você e seu *coaching*.

A reunião de *coaching* gratuita é uma oportunidade ideal para que um *coach* e um possível *coachee* discirnam se a afinidade é boa o suficiente para que haja uma relação poderosa. Uma relação positiva de *coaching* aumentará as chances de sucesso de seu *coachee*. À medida que se relacionarem bem, é mais provável que ele faça explorações mais profundas e se desafie a maiores passos, além de manter o plano de ação em curso por mais tempo.

6. O ACORDO DE *COACHING*

Como líder de uma organização sem fins lucrativos, eu normalmente precisava dizer: "Se você precisa de algo de mim, por favor, me diga. Se você não sabe o que precisa ou quer, eu posso apenas tentar adivinhar e eu não tenho o poder de ler mentes."

O mesmo é verdade com *coaches*. Não temos o poder de ler mentes e é por isso que temos um acordo de *coaching*. Um acordo de *coaching* é uma forma de definir os requerimentos e o processo por trás do relacionamento de *coaching*. Tal acordo tira a maior parte da necessidade de adivinhação do *coaching* e torna possível ao *coach* ser direcionado pelo *coachee*, e não o contrário.

Enquanto *coaches* mais novos veem o acordo de *coaching* como um processo pontual, experimentados entendem a natureza contínua desse acordo, o qual se compõe de três partes:

- O acordo inicial.
- O acordo contínuo.
- O processo de avaliação.

O acordo inicial de *coaching* inclui:

- Definição dos termos da relação de *coaching* por escrito, como, por exemplo, valores, agenda, responsabilidades e expectativas do *coach* e *coachee*.
- Especificação do que é e o que não é *coaching*.
- Compreensão se há, ou não, uma boa química entre *coach* e *coachee*.
- Esclarecimento das necessidades do *coachee* e por que deseja trabalhar com um *coach*. Eu gosto de perguntar: "O que você gostaria de poder dizer daqui a três meses que não pode dizer hoje?" Isso ajuda tanto o *coach* como o *coachee* a ganharem maior clareza sobre os objetivos pretendidos.

O acordo contínuo de *coaching* inclui:

- Auxiliar o *coachee*, para que esclareça o que deseja focar em cada reunião de *coaching*, bem como o que quer conseguir.
- Esclarecer e explorar, mais a fundo, o que o cliente quer atingir/conseguir com a reunião de *coaching*.
- Fazer o paralelo entre os focos e o que quer tirar da reunião, com os resultados inicialmente desejados e objetivos que levaram o cliente a fazer o *coaching*. Uma vez que o *coaching* é focado em descobertas, e não em resultados, novos *insights* e perspectivas devem ser continuamente integrados no acordo de *coaching*.

O terceiro componente do acordo de *coaching* é o processo de avaliação. Isso frequentemente inclui correções de curso ou pode até mesmo envolver uma grande mudança no próprio resultado desejado. Eu normalmente trago questões como:

- Como estamos indo?
- Baseado em nosso *coaching* neste momento, qual é sua atual visão?
- Numa escala de 1 a 10, classifique o progresso geral que fez até agora. Do que você precisa para levar vários níveis à frente?
- O que mais preciso saber sobre você, suas preferências de aprendizado, ou mesmo história, para acelerar seu processo?
- Onde a autossabotagem pode estar acontecendo? Que auxílios adicionais são necessários?
- O que você me dirá na próxima vez que nos virmos?

Um erro frequente que novos *coaches* cometem é passar rápido pelo acordo de *coaching* (algo como dois a cinco minutos). Eu descobri que quanto mais claro for o acordo entre *coach* e *coachee*, melhor é o resultado. Não é incomum que eu passe grande parte da reunião do *coaching* nesta área (15 a 20 minutos). Aqui vão questões e declarações que ajudam a mim e meu *coachee* a afinar nosso acordo de *coaching* e avaliar o processo:

- Conte-me mais. Como as pessoas estão sempre muito ocupadas, elas raramente têm tempo para pensar e falar. É extremamente benéfico intencionalmente dar espaço para outros falarem mais. Muitas vezes eu ouço *coachees* evidenciarem os benefícios de "deixarem as coisas virem para fora".

- Qual é a coisa mais importante que eu preciso ouvir para que faça o melhor *coaching* com você? Isso ajuda o *coachee* a ficar focado e seletivo sobre compartilhar apenas o que é mais crítico para seu progresso geral.

- Leve em consideração o que você tem até agora. Esta é a questão mais importante (e, se não for, qual é)? De forma semelhante, esta questão auxilia o *coachee* a focar nos tópicos e questões que contribuirão mais em seu sucesso e satisfação geral.

Este cenário de *coaching* fará com que você entenda melhor o acordo de *coaching*:

> Steve é o fundador e o líder de uma companhia que cresceu rapidamente. Atualmente, ele tem 22 funcionários trabalhando em sua equipe em período integral e frequentemente descreve essa equipe como uma família. Não é incomum que Steve se esforce além do necessário e abra exceções aos membros da equipe, porque os considera muito. Ele até acha difícil despedir alguém do time, porque fica realmente preocupado com seu bem-estar.
>
> A visão de Steve envolve expansão, partindo de um único local para uma organização com várias unidades, e crê que pode fazer isso dentro dos próximos três a cinco anos. Além da implantação dessa visão, também gostaria de passar um período de dois meses viajando com sua família, deixando os negócios seguirem sem ele.
>
> Para isso, criou um plano estratégico e de ação para seguir para seu objetivo e está tendo um progresso moderado. Ele se dá conta de que sua equipe está ficando mais lenta e está frustrado porque sua "família" não compartilha do mesmo entusiasmo por sua visão. Steve contratou um *coach* para auxiliá-lo a implantar seu plano com múltiplas unidades, com especial ênfase em como equipar e preparar a equipe para liderar o plano de implantação.

Durante uma reunião de *coaching* recente, Steve expressou frustração sobre sua visão e sua "família", chegando a fazer a seguinte declaração sobre si mesmo: "Talvez seja eu quem está segurando a visão. Parece que todas as peças estão presentes, mas talvez haja algo que precise ser mudado em mim."

Em suas palavras, descreva o foco desta relação de *coaching* (tal como deve ter sido definida no acordo inicial de *coaching*).

Quais são as novas descobertas de Steve? Quais outras descobertas você consegue enxergar que Steve pode ter mais à frente?

De que formas essas novas descobertas impactarão o acordo de *coaching*?

Em que aspectos o acordo será mantido?

Após escutar a declaração de Steve, "talvez seja eu quem está nos segurando", como você o auxiliaria?

7. CRIANDO UMA NOVA CONSCIENTIZAÇÃO

A exploração de ideias é uma maneira excelente para explorar novas formas de fazer as coisas. A criação de conscientização leva um passo à frente e explora novas formas de ser e fazer. É como mover as placas no interior da Terra, causando grandes mudanças e transformações. Deixe-me dar alguns exemplos:

- Considere a declaração de um líder para quem eu dei *coaching*: "Eu sou introvertido, e todos sabem que introvertidos não são bons líderes". Nada que fizesse criaria uma mudança duradoura. Esse *coachee* precisava ir mais fundo e criar uma nova conscientização de suas forças.
- Considere o grupo de líderes que estacionou em meio ao processo referente à visão. O consultor tentou de tudo para fazer com que continuassem caminhando, até que finalmente perguntou o que estava acontecendo. Após um silêncio eterno, enfim um dos principais líderes respondeu que eles já haviam chegado àquele ponto por outras duas vezes nos últimos cinco anos e em cada uma dessas vezes seu líder pulou para outra ideia antes que tivessem completado os projetos. Não foi necessário finalizar estas palavras para que o grupo tivesse a conscientização do que estava acontecendo e passasse a se mover adiante.

- Considere a conscientização que me lançou à carreira de *coach* em tempo integral. Como *coach* com atuação em meio período, o crescimento de meu negócio era limitado pela crença de que eu era apenas um líder de organização sem fins lucrativos e ninguém me contrataria como seu *coach*. Quando meu *coach* me auxiliou a verbalizar essa crença limitadora, tive uma conscientização da verdade de que meus clientes ideais me procurariam e contratariam justamente por ser quem sou.

Gerar conscientização é como identificar os pontos cegos e permitir que a luz de informação adicional, perspectiva e intenção entre. Facilitamos a conscientização quando:

- A curiosidade é encorajada.
- Questões esclarecedoras são feitas.
- Crenças e premissas são articuladas e verificadas.
- Você intencionalmente considera uma perspectiva diferente.
- Você fica aberto a outras formas de ver e interpretar a mesma situação.

Como o *coach* facilita a conscientização?

- **Escuta contextual.** O *coach* considera e explora os vários contextos da pessoa que passa pelo *coaching* (ou seja, o contexto maior, a pessoa como um todo, experiências prévias, os valores da pessoa).

- **Partes não identificadas.** O *coach* auxilia as pessoas ou grupos a verem e dizerem o que não conseguem facilmente ver ou dizer. Como o *coach* escuta em múltiplos níveis, ele consegue detectar valores escondidos, motivação, grandeza, frustração, etc. O simples espelhamento, mostrando ao outro o que observamos, cria nova conscientização.

- **Escavação profunda.** Assim como as camadas de uma cebola, o processo de *coaching* retira as camadas mais superficiais e chega às questões centrais.

- **Escuta por pistas.** O *coachee* sempre traz pistas sobre si mesmo. R.D. Lang escreveu: "A amplitude do que pensamos e fazemos é limitada pelo que falhamos em notar. E porque falhamos em notar que falhamos em notar, há pouco que possamos fazer para mudar; até que notemos como a falha em notar molda nossos pensamentos e ações." Aqui vão algumas perguntas poderosas que auxiliarão a desvendar pistas importantes:

  – Que tipo de problemas e crises você atrai constantemente?
  – O que você geralmente faz que limita seu sucesso?
  – Que pensamentos repetidamente vêm à sua mente?

Eliminando crenças limitadoras e premissas falsas

Uma das formas mais poderosas para criar conscientização numa relação de *coaching* é auxiliar o *coachee* a identificar e transformar suas crenças limitadoras e premissas falsas.

Use a lista a seguir para notar se reconhece algumas em você mesmo:

- Eu tenho de ter todas as respostas.
- Eu não tenho escolha. Não tenho poder.
- Eu não posso liderar.
- Mudar é sempre difícil.
- Não é possível.
- O que não mata fortalece.
- Paz é sempre melhor que a honestidade.

Liste três de suas crenças limitadoras:

1. _____
2. _____
3. _____

Liste três de suas premissas falsas:

1. _____
2. _____
3. _____

Crenças limitadoras e premissas falsas podem ser bem simples, porém muito prejudiciais. Em seu livro Time to Think, Nancy Kline traz um método simples, mas profundo, para lidar com crenças limitadoras e premissas falsas. Uma de suas dicas está em auxiliar o *coachee* a articular o "positivo oposto" da crença limitadora, ou premissa falsa. Esta é geralmente uma tarefa difícil para um indivíduo ou equipe, mas encoraje-os a articular o positivo oposto da premissa principal. Uma vez articulado, peça que o escrevam e digam várias vezes.

8. COMUNICAÇÃO DIRETA

Se você passar um tempo com um *coach* experiente, perceberá a forma proficiente com que se comunica. Por exemplo, você raramente ouvirá um *coach* sênior divagar. A maior parte dos *coaches* experientes são claros, concisos e precisos em suas palavras, trazendo uma questão ou declaração por vez.

Outra característica é seu conforto com o silêncio. Não há o esforço para preencher o espaço; pelo contrário, o uso apropriado do silêncio e de pausas é demonstrado. E *coaches* dizem a verdade, não retendo o que precisa ser dito, ainda que não seja a coisa mais fácil de ouvir ou a mais confortável de dizer.

Coaches experientes são diretos na comunicação, utilizando a linguagem que terá maior impacto positivo no *coachee*.

Quatro das técnicas mais importantes de comunicação direta são:

- Interrupção.
- Aconselhamento.
- Direcionamento.
- Mensagem.

Interrupção

A maior parte das pessoas já experimentou interrupções como algo que distrai ou irrita, mas a interrupção efetiva é uma arte. Como parte das habilidades do *coaching*, uma interrupção bem feita gera grande benefício ao *coachee*, trazendo-o de volta à tarefa ou ajudando-o a chegar à questão principal (*"bottom-line"*).

Coaches interrompem em um ambiente de confiança e intimidade, no qual o *coachee* confia na capacidade do *coach* e sabe que ele tem a melhor das intenções. A interrupção pode vir da escuta ativa, como um meio de chegar a um ponto ainda mais profundo que precisa ser expresso. A interrupção é uma plataforma para lançar o *coachee* adiante.

Durante minhas primeiras reuniões com novos *coachees*, parte de nosso acordo inicial envolve sua permissão para interrompê-los – quando apropriado. Ter esta conversa logo no início da experiência de *coaching* auxilia o *coachee* a receber as interrupções e vê-las de uma forma positiva.

Quando é apropriado interromper um *coachee*?

Aqui seguem algumas formas que posso utilizar para interromper alguém que faz *coaching* comigo:

- Dizer o nome da pessoa e pedir sua permissão, como "(Nome), posso interrompê-lo?"

- Entrar com "vamos apertar o *pause* um momento?" ou "posso me intrometer por um momento?"
- Trazer a questão principal ("*bottom-line*") para a pessoa, como "(Nome), veja o que estou ouvindo..."

Aconselhamento

Um dos mitos do *coaching* é o de que *coaches* nunca dão conselhos. Este é um mito? Deixe-me explicar. Primeiramente, o *coach* busca acessar a expertise daquele para quem dá o *coaching*. E há também momentos em que o *coach* tem a expertise e nota que pode ter um impacto positivo no progresso do *coachee*. Durante um workshop em uma conferência da ICF, o preletor declarou que, na lista das dez coisas mais procuradas pelos *coachees*, a sétima é o aconselhamento, quando apropriado e solicitado pelo cliente.

O problema em dar conselhos está no fato de que a maioria das pessoas o faz de uma forma que retira o poder de outros. Elas precisam desaprender a dar conselhos e então reaprender a aconselhar. Eu sugiro que novos *coaches* parem completamente de oferecer conselhos, pelo menos por um tempo. Uma vez que tenham efetivamente aprendido a dar o *coaching* sem dar conselhos, podem começar a incorporar o aconselhamento em seu *coaching*, quando apropriado e solicitado.

Considere as seguintes dicas quando aconselhar:

- Escute ativamente. Ouça tudo o que a pessoa tem a dizer.
- Não dê conselho antes de considerar as diferentes formas com que pode ser interpretado.
- Não dê conselhos antes de ter ouvido todos os fatos.
- Não se esqueça de que se trata APENAS DE UM CONSELHO, e não da cura para o aquecimento global.
- Exemplos de frases:
  - Eu já vi isso funcionar. Diga-me se faria sentido experimentar.
  - Essa é difícil. Veja o que sugeri a outra pessoa e o que aconteceu.

Direcionamento

O direcionamento é uma técnica usada para trazer o foco da pessoa, ou grupo, de volta aos objetivos. É útil para o *coachee* que frequentemente entra em tangentes ou geralmente perde a visão do cenário maior.

Exemplos de direcionamento:

- Segure esse pensamento e vamos falar sobre...
- Ao longo das semanas que passaram, focamos em ABC. Estaria na hora de mudar para XYZ?
- Parabéns. Sigamos adiante.

Mensagem

A mensagem é a "verdade" que, quando ouvida, auxilia a outra pessoa a compreender e agir com mais agilidade. É uma mistura do reconhecimento com a identificação da grandeza da pessoa.

Exemplos de mensagem incluem:

- Diga quem a pessoa é. "Você é alguém que..."
- Endosse o que tem conseguido. "Nossa, veja o que conseguiu. Parabéns."
- Diga o que está à frente. "Você provavelmente precisa começar a focar em ABC, porque você já passou o XYZ."
- Diga o que você espera. "O que quero para você é..."

Capítulo 3

Cenários Comuns de *Coaching*

Este módulo foi desenhado para apresentar o entendimento básico de algumas situações comuns de *coaching* em diversos contextos. Ainda que o *coaching* para cada pessoa ou grupo seja único, há temas e formas comuns que dão ao *coach* uma base a partir da qual ele poderá utilizar o *coaching*.

Alguns comentários gerais sobre este material de pesquisa

O propósito deste módulo não é rotular seus clientes ou colocá-los em categorias preestabelecidas. Nosso propósito é prové-lo de ferramentas e *insights* úteis para os diversos contextos que virão.

Este material tem o propósito de funcionar como um guia para ajudá-lo a identificar e entender as necessidades e resultados comuns em vários contextos e o assistirá na identificação e facilitação de mudanças significativas.

Os cenários de *coaching* que apresentaremos aqui incluem[1]:

1. MARIDO E MULHER – filhos adultos que moram na mesma casa.
2. BERNARDO – aos 49 anos, deseja perder peso e ter uma vida mais saudável.
3. CAROL – gerente sênior de uma organização global.
4. BRUNO – vice-presidente de Treinamento e Qualidade.
5. MELINA – nova promoção.
6. NATHAN – comportamento problemático.
7. JULIA – diretora de uma ONG.
8. ESTEVAN – líder organizacional.

---

[1] Agradeço ao time brasileiro pela ajuda valiosa nesses cenários de *coaching*. As abordagens mencionadas a seguir fazem parte de uma coleção de respostas e perspectivas desse time. Tal contribuição adicionou grande valor a este material. Um agradecimento em especial para Juliana e Marcos por ajudarem a compor e traduzir os cenários que você irá trabalhar.

Nosso time dos primeiros professores formados no Brasil inclui: Juliana de Lacerda Camargo; Patrícia Schuindt; Aline Freitas; Marcos A de Camargo e Silva; Graziela Teixiera; Cláudio Gotto; Marcelo Teixeira; Thais Canova.

CENÁRIO 1: MARIDO E MULHER – filhos adultos que moram na mesma casa.

Suely e Carlos estão casados há 25 anos e têm dois filhos adultos: João (24 anos) e Karen (23 anos). Quando se formaram no ensino médio, logo foram para a universidade. A transição ocorreu sem problemas, pois passavam o verão em casa e mantiveram um relacionamento saudável como família durante seus estudos.

Tanto João quanto Karen estão formados e ambos retornaram para a casa de seus pais. João não conseguiu um emprego em sua área de formação e trabalha atualmente no McDonald's. Karen, por sua vez, teve a felicidade de ser admitida em sua área de formação, mas recebe salário abaixo do desejado. Atualmente ela não pode se sustentar financeiramente e está frustrada por ainda precisar viver em casa com seus pais.

Suely e Carlos desejam apoiar e ajudar seus filhos. Até reconhecem que alguns de seus amigos passam pelos mesmos problemas e acabam nessa situação, mas sentem o estresse financeiro por terem de suportar 4 adultos vivendo na mesma casa. Cada um está se esforçando e fazendo o seu melhor, mas o nível de estresse é alto. Também já perceberam que têm discutido muito mais ultimamente e estão preocupados com o fato de que seus filhos, no futuro, guardem algo contra eles por viverem nessa situação. Por isso Suely e Carlos contrataram um *Coach* de Vida para auxiliá-los nesse momento e para avaliarem suas preocupações futuras.

Quais os assuntos principais que Suely e Carlos devem discutir?

- Um assunto principal seria ajudar o casal a alcançar maior clareza a respeito de qual é o ponto mais importante, assim como identificar qual seria o objetivo em comum.
- Seria importante também explorar as expectativas de cada membro da família adicionadas a este cenário.
- O envolvimento dos filhos nessa conversa é fundamental.

Quais pedidos você faria a cada um e também para o casal?

- Pediria que pudesse envolver intencionalmente seus filhos na conversa.
- Também pediria que individualmente e, como casal, Suely e Carlos identificassem sua visão como casal e para toda a família.

Como você faria o *coaching* com Suely e Carlos?

- Ofereceria o *coaching* tanto individualmente quanto juntos.
- Como lemos antes, também recomendaria que toda a família estivesse envolvida no processo.

- A sugestão de estratégia seria:
  - O que podemos fazer neste momento?
  - Qual seria o passo mais simples?

Quais seriam as ferramentas e recursos que você utilizaria?

- Eu pediria que cada pessoa fizesse o exercício da Roda da Vida. Após Suely e Carlos identificarem as 8 áreas de seu relacionamento, também pediria que completassem a Roda individualmente e a seguir compartilharia os resultados com eles. Este exercício auxilia na identificação dos pontos-chaves para o *coaching*.

CENÁRIO 2: BERNARDO – aos 49 anos, deseja perder peso e ter uma vida mais saudável

Bernardo, com 49 anos, recentemente decidiu perder peso e tornar-se mais saudável. Durante a fase de 20 a 30 anos, ele foi muito ativo na prática de esportes e academia. Há alguns anos, após receber uma promoção em seu trabalho, mudou seus hábitos e tornou-se bem sedentário. Como resultado, ganhou mais de 35 quilos e atualmente sofre fortes dores de cabeça e nas costas.

Há alguns meses, seu médico indicou que a razão está no excesso de peso, e ele deveria começar uma mudança de hábitos, tornando-se mais ativo, para que não viesse a sofrer maiores danos na saúde. Bernardo já tentou várias vezes praticar exercícios sistematicamente e ter alimentação correta. Sempre teve sucesso até que o nível de estresse no trabalho aumentasse, daí os quilos retornavam.

Bernardo contratou um *Coach* de Saúde para ajudá-lo a se tornar saudável novamente.

Quais os assuntos principais que Bernardo enfrenta? Quais pedidos você faria a ele?

- A questão principal não deve ser o peso. O peso é uma das consequências. Eu gostaria de ouvir mais e perguntar qual é a questão principal.
- É importante perceber que o motivo pelo qual a pessoa contratou o *coach* não deve ser o problema principal.

Como você faria o *coaching* com Bernardo?

- Numa tentativa de compreender a questão real, eu pediria para ele falar a respeito de outras questões similares ao seu desafio de peso.
- A maioria dos *coaches* de saúde lida com a pessoa por completo. O *coach* de saúde

iria perceber que isso não é uma questão de saúde, é provavelmente outra coisa. Perguntaria: "Como você espera ser nos próximos 5 e 50 anos? O que você gostaria de dizer a respeito de si nos próximos anos?"

Quais seriam as ferramentas e recursos que você utilizaria?

- Bernardo seria um ótimo candidato para Os 10 Hábitos Diários (listar 10 hábitos para se dedicar consistentemente). Isso o faria sentir-se melhor e seu estresse seria reduzido. Esta ferramenta também ofereceria opções para não visitar a geladeira constantemente.

CENÁRIO 3: CAROL – gerente sênior de uma organização global.

Carol está estafada em sua posição atual como gerente sênior do time global de treinadores de desenvolvimento organizacional, posição em que já trabalha há 10 anos. Em virtude de sua estrutura global e para dar suporte aos membros de seu time em outros países, o trabalho de Carol exige semanalmente muitas horas extras que vão além do horário comercial padrão. Além disso, um colega que antes liderava o Time de Desenvolvimento de Carreira saiu recentemente, e Carol está exercendo sua função nesse meio-tempo. Como resultado, tem pouco tempo ou energia para desenvolvimento de seu time ou trabalho com foco nos objetivos estratégicos, sabendo que será responsável pelos resultados disso na avaliação anual de performance. Somando a isso, sua vida pessoal é quase inexistente, não dispondo de tempo para família e amigos. As reclamações de Carol demonstram que perdeu a paixão por seu trabalho, pois se sente sobrepujada e sem satisfação de vida em geral. Ela, hoje, considera sair de sua posição.

Ao mesmo tempo, Carol não se sente confiante que encontrará outra posição que lhe permitirá muita flexibilidade, autonomia e a habilidade de poder trabalhar de casa. De certa forma, ela tem sido sua própria chefe.

Em virtude de se encontrar sobrecarregada e com falta de paixão e alegria, Carol considera perseguir uma posição em outra empresa. Ela também reconhece que está lotada de contradições e se sente incapaz de tomar decisão a respeito de toda a situação.

Como você faria o *coaching* com Carol?

O que é positivo a respeito de Carol? Quais são seus pontos fortes?

- Ela parece muito dedicada ao que faz e é muito respeitada. Também demonstra forte habilidade de liderança.
- Ela é respeitada, responsável e excelente líder.

Que perguntas você faria para Carol?

- O que é possível nessa situação?
- Qual é a forma mais simples de seguir adiante?
- Quais seriam os passos mais audaciosos que poderia tomar?

Quais seriam os pedidos que você anteciparia fazer?

- Eu quero dar a ela permissão para explorar novos trabalhos, assim como estabelecer fortes limites no emprego atual.
- Uma vez que de certa forma ela é chefe de si mesma, também está no controle de como usar seu tempo e em que deve focar. Eu pediria que exigisse dela o mesmo que exige daqueles a quem supervisiona.
- Também pediria que se divertisse mais – mesmo que precise agendar isso.

CENÁRIO 4: BRUNO – vice-presidente de Treinamento e Qualidade

Bruno é vice-presidente de Treinamento e Qualidade na organização ABC por dois anos. Quando chegou à organização, iniciou a implantação de uma abordagem de qualidade projetada para a melhoria de interação do cliente. A abordagem de Bruno consistia de um audacioso processo de qualidade que servia para desenvolver um indicador de desempenho junto com treinamento e desenvolvimento para os colaboradores. Além disso, ele pediu aos supervisores e gerentes do time de operações que ouvissem duas chamadas por mês para que cada membro do time pudesse utilizar um formulário padrão de chamadas. No início enfrentou um pouco de oposição, especialmente de seu VP de Operações da região sudeste. O antecessor de Bruno não havia convidado esse time de operações para fazer parte do processo de qualidade. Até o momento o departamento de qualidade do cliente não teve crescimento como Bruno antecipara e os VPs de Operações estão questionando se seus supervisores teriam tempo suficiente para avaliar duas chamadas mensais de cada membro do time. O time está buscando vários caminhos para melhorar o processo e impactar o cliente de forma positiva, e os resultados de satisfação do cliente estão melhorando de forma avançada. Bruno acredita ser imperativo que o time de operações tenha parte ativa em dar suporte a essas medidas para que tanto a qualidade quanto a satisfação do cliente possa melhorar.

A última conversa de Bruno com os três VPs de Operações foi complicada. Ao final da reunião o VP de Operações da região sudeste indicou que não iria mais participar do processo. Bruno acredita fortemente no processo de qualidade. Tem os dados para sustentar sua argumentação que move o processo adiante pelo menos nos próximos seis meses, o que apresentaria resultados para completar o ciclo de 12 meses. Bruno solicitou uma reunião com o COO e os três VPs de Operações para tomarem uma decisão final a respeito do processo de qualidade.

Bruno acredita que o processo é a melhor forma para mudar o indicador de satisfação do cliente. Ele já viu isso funcionando em outra companhia onde liderou os esforços de qualidade e já tem visto algum sucesso em andamento na ABC. Também sabe que a reunião será difícil e precisa manter o relacionamento com os VPs de Operações. Ao se aproximar a reunião, ele pensa se deveria focalizar nos outros dois VPs, que parecem interessados no processo de qualidade atual, e deixar que o VP de Operações do sudeste decida por si mesmo o que fazer. Até mesmo discute se está apto a firmar-se nessa posição. Pensa se chegou a hora de largar o processo de qualidade como abordagem padrão e apenas trabalhar com os dois VPs ainda interessados ou se deveria deixar que a área de Operações lidere os esforços, como era feito anteriormente.

Bruno vem para o *coaching* esperando ganhar maior clareza em sua decisão e para sair com um plano para a reunião.

O que mais você gostaria de saber de Bruno?

- Como regra geral, prefiro convidar as pessoas com quem faço o *coaching* para "me contar mais". Geralmente, o simples fato do "me diga mais sobre isso!" auxilia o *coachee* a ter mais clareza.
- Outra opção seria a de convidar Bruno a fazer uma exploração de ideias para abordar o assunto de várias maneiras, junto com os impactos pertinentes no resultado. De certa forma, pediria que fizesse uma avaliação 360 graus da situação corrente.
- Também seria bom Bruno permitir que os próprios dados dirigissem os próximos passos, ao contrário de ser ele ou outro VP que decidisse. Assim, removeria as pessoas da decisão e estabeleceria a base a partir dos dados. A esperança seria a de remover os "egos" da conversa.
- Perguntas que poderiam ser feitas incluem:
  - O que outras pessoas estão vendo que talvez você não está?
  - O que aprende a partir do VP que discorda? O que pode ver de bom a partir da perspectiva desse VP?
  - O que é mais importante do que esse ponto?

O que você quer para Bruno?

- Desejo que possa ver o quadro geral e observar as perspectivas diferentes.
- Utilizando o modelo Cabeça-Coração-Intuição, quero ver Bruno aumentar a

intensidade da Intuição e Coração nessa situação. Naturalmente, ele apresenta Cabeça, uma vez que trabalha com fatos. Mas, apresentando um equilíbrio entre Cabeça-Coração-Intuição, proveria a ele uma transição na perspectiva e possivelmente uma nova conscientização.

Quais ferramentas você utilizaria?

- Faria a avaliação 360 graus de Bruno. Isso iria prover a ele uma visão geral de sua liderança e de como ele é percebido.
- Também faria uma avaliação de Inteligência Emocional. Isso daria a Bruno maior clareza de como se relacionar com outras pessoas.
- Faria também a análise S.W.O.T. da situação atual (Forças. Fraquezas. Oportunidades. Ameaças.)

CENÁRIO 5: MELINA – nova promoção.

Melina foi recentemente promovida a VP de Operações assim que o antigo VP foi removido do cargo. Mesmo sem ter atingido os resultados esperados, ele era bem aceito entre seus colegas. A saída foi inesperada e provocou desconforto entre os membros do time, clientes e colegas de trabalho. Melina veio transferida de outra localidade na expectativa de estabilizar o time e alcançar resultados necessários e manter a planta produtiva.

Em sua última reunião, Melina indicou estar entusiasmada pela nova oportunidade mesmo estando atenta ao esforço que a espera. Ela tem o compromisso de ajudar seu time a ter sucesso, mas confidencia que mesmo crendo num impacto positivo do time quanto aos resultados, sente-se triste e estressada. Melina sabe que precisa gerenciar seu tempo de forma diferente agora que é líder da planta e vai precisar lidar com as expectativas dos clientes, corporação e de seu time. Ela realmente vê a necessidade de focalizar nos processos e no time da planta para a estabilização e alcance de resultados esperados, mas sente-se pressionada de todos os lados. Somando-se a isso, Melina acredita ser necessário gerenciar as expectativas de seu chefe em especial e de seu principal cliente, mas realmente não sabe por onde começar, pois estes são seus relacionamentos mais importantes e precisa lidar com cuidado. Menciona também que não está em dia com seus objetivos financeiros e métricos.

Liste sua abordagem/estratégia com Melina.

O que você observa como as situações mais importantes e como faria o *coaching* com Melina?

- Uma observação importante está no estresse gerado a partir das expectativas das pessoas.

- Melina está lidando com muitas situações de uma vez. Quero fazer Melina parar com esse jogo e fazer uma coisa de cada vez, focalizando naquilo que ela faz muito bem.
- Quero ver Melina mudar daquilo que os outros querem para o que ela deseja.

Quais perguntas você faria para Melina?

- O que você realmente quer?
- Qual é a sua visão a 12 quilômetros de distância?
- Qual seria o passo mais simples a ser dado?
- Do que realmente isso se trata?
- Quem poderá auxiliá-la nesse caso?
- Para você, o que é sucesso...
  - nesta semana?
  - daqui a 30 dias?
  - daqui a 6 meses?
  - daqui a 18 meses?

CENÁRIO 6: NATHAN – comportamento problemático.

Nathan vem tendo dificuldades na área de comportamento pessoal. Ele faz um ótimo trabalho como líder em suas tarefas administrativas e consistentemente as finaliza, atendendo às demandas de seus clientes, mas na maior parte das vezes em detrimento de horas pessoais e de seu time. Nathan ainda não aprendeu como treinar e desenvolver seu time e geralmente encontra dificuldades de delegar e apoiar esse grupo enquanto cumprem seus projetos.

Ele percebeu que, em sua avaliação 360, recebeu um *feedback* mostrando que não delega muito bem, que auxilia com pouca ou quase nenhuma direção nos projetos e, geralmente, não usa tempo treinando ou desenvolvendo seu time. Nathan está devastado; seu supervisor pediu que ele trabalhasse com um dos *coaches* internos para determinar qual será a melhor forma de seguir adiante. Nathan pediu uma reunião com você para trabalhar no seu *coaching* e habilidades de desenvolvimento.

Liste sua abordagem/estratégia com Nathan.

O que você vê como as principais questões em andamento e como faria o *coaching* com ele?

- A resposta de Nathan ao 360 é interessante. Ele ficou "devastado". Aqui parece ser uma área significativa para desenvolvimento.

- Eu também gostaria de saber como Nathan processa novas informações e respostas como estas. Espero prover a ele a oportunidade de processar plenamente os resultados recentes do 360.
- Uma vez que não foi Nathan quem decidiu trabalhar com um *coach* por si só, preciso saber quão disposto e pronto ele está para fazer o *coaching*. Gostaria de ouvir um sim da parte dele para que possa participar plenamente do processo de *coaching*.

Qual seria o maior desafio de *coaching* com Nathan?

- Levando-o de um lugar passivo para ativo a respeito da escolha do *coaching*. A menos que esteja disposto a se engajar inteiramente no processo de *coaching*, não poderá seguir adiante. Inicialmente penso que ele está pronto, mas minha preocupação é quando chegar mais fundo no processo.

Quais alguns dos pedidos que você anteciparia fazer?

- Mantenha-se focado no processo de *coaching*. Provavelmente pediria que ele concordasse com um mínimo de sessões como, por exemplo, 9 meses – duas vezes ao mês.
- Repetir a avaliação 360, entre o 6.º e o 9.º mês do processo de *coaching*.
- Pedir para Nathan fazer o Questionário de Inteligência Emocional/Social. Isso agregaria uma dimensão na conversação de *coaching* com ele.

CENÁRIO 7: JULIA – diretora de uma ONG.

Julia, Diretora de uma ONG, depende muito de seu pessoal, que recebe salários baixos, e de voluntários comprometidos. Ela expressa claramente para todos os colaboradores o quanto reconhece seus esforços, e uma de suas alegrias é o desenvolvimento das pessoas ao seu redor, além do trabalho envolvido na organização. Para Julia, seu trabalho está bem alinhado com o que ela acredita ser seu propósito de vida.

No entanto, enfrenta diversos desafios. Há uma dificuldade em manter funcionários para cumprir as horas necessárias e exigidas pela diretoria. Diante da natureza da organização, Julia precisa fazer uma avaliação cuidadosa de seus funcionários que garanta os requisitos e esteja de acordo com os propósitos da organização. As relações públicas são a chave para o sucesso, e o suporte da comunidade é crucial para a sobrevivência da ONG.

Após vários anos nessa posição, uma situação nova e problemática aconteceu. Alguém na comunidade trouxe ao corpo diretor uma queixa que envolveu um de seus voluntários. A situação não é ilegal nem apresenta conflito direto com a ONG. Ainda assim, a diretoria instruiu Julia a impedir a participação do voluntário. Julia declara estar consternada por ter de "despedir" um voluntário. Ela também está preocupada a respeito dos efeitos que podem afetar tanto ele como a comunidade, uma vez que o fato tende a se tornar público, pois Julia imagina que tanto a pessoa que apresentou a queixa quanto o voluntário rejeitado podem facilmente levantar o assunto fora de proporção. Isso tem tirado o sono de Julia, deixando-a muito contrariada, a ponto de considerar sua saída da ONG.

Julia declara que precisa saber o que fazer.

Que perguntas você faria para Julia?

- Quais são as opções?
- 10 anos depois, o que você gostaria de poder dizer sobre como lidou com essa questão?
- Quem pode ajudá-la com isso?
- Qual é a questão central?
- Ao contrário de ver isso como "despedir um voluntário", o que mais você pode ver nesse caso?
- Conte-me mais sobre isso…

O que você escuta no relato de Julia sobre essa situação?

- Escuto preocupação e interesse pelo voluntário, ONG e comunidade.
- Julia não declarou como pretende resolver essa situação. Quero ouvir seus pensamentos. Quais sugestões ela terá?
- Pude escutar sua paixão e energia pela ONG e pelo trabalho que faz. Também ouvi paixão ainda maior pelos funcionários e voluntários.
- Julia aufere muito valor pessoal e estima a partir de seu envolvimento com a ONG

CENÁRIO 8: ESTEVAN – líder organizacional

Estevan é um novo cliente que luta para atender aos compromissos que faz nas sessões de *coaching*. Ele já trabalha com você há 90 dias. Em sua última sessão, ele se comprometeu a fazer várias tarefas. Ao iniciar sua chamada, anuncia que teve uma semana horrível e não conseguiu concluir as tarefas que havia concordado.

Ele declara que vai acabar saindo do Programa Acelerado de Liderança de 12 meses. Sua vida está muito corrida diante da nova promoção com todo o trabalho de reorganização e o desenvolvimento de um novo produto-chave. Ele também indica seu questionamento se deve ou não permanecer na companhia e não está interessado em permanecer no caminho do "líder acelerado" (o que é bem diferente de sua conversa inicial com ele).

Ele também compartilha que recebeu uma devolutiva dos facilitadores em seu Programa Acelerado de Liderança, mostrando que seu gerenciamento das habilidades de colaboração e conflito é uma oportunidade para desenvolvimento. Esta é a primeira vez que ele recebe um *feedback* dessa natureza e está muito preocupado a respeito do desenvolvimento exigido nesse programa diante de tudo que acontece com ele no momento. Estevan também deixa claro que não está satisfeito com todas as apresentações do programa ou de sua nova posição – na realidade, ele nunca ficou à vontade falando em público. Estevan termina com uma declaração de como realmente não vê valor no Programa Acelerado de Liderança; talvez ele deva sair para focar no que é importante, nos itens de prioridade, como gerenciar o negócio e atingir resultados.

Quais perguntas você tem para Estevan?

- Gostaria de saber o que realmente se passa. Qual é a situação central.
- O que mudou?
- Talvez também perguntar:
  - Em qual Estevan eu deveria acreditar? O atual – considerando sair do programa; ou o Estevan do início – entusiasmado e ávido para se desenvolver como líder?
- Também perguntaria se isso é comum para ele. Uma percepção fria das coisas.

O que Estevan precisa de seu *coach*?

- Encorajamento para permanecer no *coaching* e no Programa Acelerado de Liderança.
- Um espelhamento. Seu *coach* precisa ajudá-lo corretamente a refletir não somente no presente, mas também nos seus anseios e sonhos. Além disso, ele precisa que seu *coach* segure seus pés para permanecer firme.
- Observar sua devolutiva recente por uma óptica diferente. Acreditar que o *feedback* é saudável e proveitoso

Capítulo 4

Fazendo *Coaching* com Times e Grupos Espontâneos

Quais são os benefícios do *coaching* com times e grupos espontâneos?

Líderes que se utilizam do *coaching* geralmente observam os seguintes aspectos no que se refere aos times e grupos espontâneos:

- Maior participação de todos os membros da equipe.
- Melhores soluções.
- Uma orientação mais facilitadora, em vez de diretiva.
- Melhor abertura para soluções e execuções.
- Desenvolvimento de habilidades e liderança nos membros da equipe.
- Liderança compartilhada.
- Responsabilidade compartilhada.
- Prestação de contas compartilhada.
- Equipes mais fortes em seu funcionamento.

Líderes que usam o *coaching* com seus times e grupos geralmente se veem, bem como a seus líderes, fazendo o seguinte:

- Uma liderança realizada com questionamentos, em vez de comandos e direcionamentos.
- Busca pelas respostas dentro do grupo, em vez de assumir que não possuem a resposta.
- Promoção de ação e responsabilidade no âmbito individual e conjunto.
- Dedicação maior à escuta do que à fala.
- Encaram seu papel como de "catalisador" em vez de "definidor".

INFORMAÇÃO GERAL SOBRE TIMES E GRUPOS ESPONTÂNEOS

Diferentes tipos de times e grupos espontâneos

Grupos espontâneos são grupos que trabalham juntos como um time por um período extenso de tempo. Normalmente se identificam como um time e possuem objetivos comuns. Temos como alguns exemplos:

- Equipe de trabalho – normalmente um time remunerado que responde por funções da organização.
- Grupos de prestação de contas – indivíduos que se encontram regularmente para prestar contas sobre diferentes aspectos de suas vidas.
- Pequenos grupos – também chamados de grupos de vida. O foco está na mudança de vida e transformação individual.
- Grupos comunitários – indivíduos que se encontram para estudar ou para atender a uma necessidade comunitária.
- Comitês – indivíduos que se juntam num time para suportar organizações sem fins lucrativos e sua equipe de trabalho no dia a dia

Conteúdo fixo *versus* conteúdo flexível

Conteúdo fixo

Conteúdo fixo geralmente se refere a um time que trabalha com:

- Base padrão de conteúdo – como um manual e documentos do comitê.
- Objetivos fixos.
- Papéis definidos.

Quando fizer *coaching* com um time ou grupo de conteúdo fixo, normalmente deve-se trabalhar com uma perspectiva de escuta, perguntas e ação e responsabilidade. Escuta ativa e perguntas poderosas são bastante eficazes.

- Geralmente, a melhor forma é realizar perguntas sobre o conteúdo e então usar suas habilidades de escuta ativa para entender as reações à informação que é apresentada.
- Utilize habilidades de ação e responsabilidade com o conteúdo que está usando/estudando, para assegurar a implantação do aprendizado. Faça perguntas poderosas sobre o grupo.

- Busque escutar as crenças limitadoras e premissas falsas do grupo.
- Compartilhe suas perspectivas e observações.

Conteúdo flexível

Conteúdo flexível geralmente se refere a situações em que:

- O conteúdo é mínimo ou virtualmente inexistente.
- Papéis não são definidos.
- Objetivos não são claramente definidos.

Quando fizer *coaching* com grupos de conteúdo flexível, é importante estabelecer o acordo de *coaching* com o grupo. Isso inclui a área a focar, mais o acordo sobre resultados e objetivos do grupo.

Os estágios de times e grupos

Conhecer os estágios de desenvolvimento de um time ou grupo pode ser útil ao *coach*. Saber a respeito de desenvolvimento de times pode fornecer dicas que explicam o seu comportamento. O Dr. Bruce Tuckman desenvolveu os Cinco Passos das Dinâmicas de Grupo, que incluem:

- Formação
- Tormenta
- Normalização
- Desempenho
- Dissolução

Outra forma de entender o desenvolvimento de equipe é vê-lo sob o ponto de vista do desenvolvimento humano. Essa perspectiva incluiria, portanto, as seguintes fases do desenvolvimento:

- Infância
- Adolescência
- Adulto jovem
- Adulto pleno
- Adulto maduro

O estágio de desenvolvimento de um time ou grupo determinará a forma com que você conduzirá o *coaching*. Por exemplo:

Formação/Infância. Nessa fase o time é relativamente novo. Os indivíduos começam a se conhecer enquanto trabalham para desenvolver sua identidade como grupo. Geralmente o grupo evita controvérsias e decisões enquanto tenta estabelecer relacionamentos e identidade.

Como *coach*:

- Seu trabalho é deixá-los à vontade e criar um ambiente seguro. Encoraje-os a tomar decisões e se abrir para discussões mais profundas. Empregue suas habilidades de questionamento e escuta ativa.
- Trabalhe com o grupo para esclarecer objetivos. Nesse estágio há uma alta dependência quanto à liderança e direção do líder. O time tem pouco entendimento ou perspectiva sobre os objetivos que não sejam aqueles estabelecidos pelo líder. Papéis e responsabilidades individuais não são claros, assim como ocorre com os objetivos e propósitos do time

Tormenta/Adolescência. Esse é o estágio de desenvolvimento em que membros do grupo ficam desiludidos e geralmente o deixam em função da competição e conflito que ocorre.

Como *coach*:

- Um de seus papéis é ajudar o time a atravessar o caminho pedregoso para se tornar um time totalmente funcional. O time normalmente terá dificuldades em chegar a decisões e membros tenderão a competir por posições enquanto trabalham para estabelecer seus papéis no grupo.
- É nesse estágio do processo que geralmente o líder é mais desafiado pelos membros do time e há uma resistência grande.
- Reconheça e busque a grandeza do líder e dos membros da equipe.

Normalização/Adulto jovem. Nesse estágio a habilidade de colaboração do time aumenta de forma efetiva e a confiança começa a se desenvolver ativamente entre os membros. O grupo se abre a novas ideias, tanto internas como externas, e também discute e desenvolve seus processos e estilo de liderança. Concordância e consenso começam a emergir, papéis e responsabilidades se tornam mais claros e aceitos e as "grandes decisões" geralmente são tomadas em consenso. Decisões menores podem ser delegadas para indivíduos ou subgrupos dentro do time.

Como *coach*:

- Encoraje o time a trabalhar em conjunto, explorar alternativas e trabalhar em soluções que sejam integradas nas regras de base estabelecidas.

- Ajude o time a atingir seu potencial máximo. Mantenha-o na tarefa.
- O encorajamento pode gerar envolvimento em atividades sociais e divertidas.

Desempenho/Adulto pleno. Nesse estágio o time já aprendeu a encontrar as forças de cada membro e cada um demonstra lealdade, confiança e abertura, além de um alto grau de criatividade e produtividade. Diferenças de opinião são vistas como um trampolim para inovação.

A equipe está estrategicamente focada em sua visão compartilhada e tem clareza a respeito do que precisa ser realizado, sendo que seus membros possuem um alto nível de autonomia. Desentendimentos acontecem, mas agora são resolvidos dentro do grupo e de uma forma positiva. Os membros cuidam uns dos outros, e o time necessita de pouca direção do líder.

Como *coach*:
- Reconheça e enalteça os membros por suas conquistas e encoraje-os a fazer o mesmo uns pelos outros.
- Reforce a lealdade e produtividade do time para maximizar desempenho.
- Tire um tempo para avaliar a efetividade do time e encorajar seus membros a fazer o mesmo individualmente e dentro do grupo.
- Encontre meios para motivar a equipe a atingir nível máximo de desempenho.

Dissolução/Adulto maduro. Esse estágio normalmente ocorre quando o time tem uma vida finita (por exemplo, o time que se forma para buscar o novo pastor). Quando esse estágio é atingido, o time reconhece que o projeto está próximo de sua finalização e em breve se desfará, o que pode entristecer alguns membros

Como *coach*:
- Ajude o grupo a processar o que aprendeu e concretizou.
- Reforce o que foi atingido e como uns serviram os outros.
- Encoraje o time a celebrar.
- Tenha consciência de que pode ser difícil para alguns membros, uma vez que vínculos foram formados.
- Reconheça que alguns membros podem encontrar dificuldade em realizar essa transição.

Estratégias de *coaching* para times e grupos espontâneos

Distinções e mudanças

A seguir encontram-se algumas distinções-chave às quais devemos ficar atentos quando fizermos *coaching* com times e grupos:

- Trabalhar duro *versus* produzir resultados.
- Um time de indivíduos *versus* um time conectado.
- Definição por desafio *versus* definição por visão.
- Eficiente *versus* eficaz.
- Ministério por um padrão *versus* ministério por *design*.
- Pensamento contraditório *versus* pensamento estratégico

A seguir algumas distinções-chave a serem usadas quando fizer *coaching* com líderes de times ou grupos:

Mudança 1: do diagnóstico ao desenvolvimento

- Aprenda a ajudar os outros a se desenvolverem, em vez de diagnosticar e oferecer soluções para seus problemas.
- Faça o *coaching* para que eles diagnostiquem seus próprios problemas e então se associe a eles no desenvolvimento e suporte a seu progresso.

Mudança 2: de fazer para empossar/equipar

- Líderes precisam parar de fazer para que outros comecem.
- Equipe e desenvolva outros para fazerem

Mudança 3: de dizer para explorar

- Substitua o "dizer" pelo "perguntar".
- Explore possibilidades.

Mudança 4: da mente vazia para a mente cheia

- Interações transacionais para interações transformacionais.
- Estar consciente e intencional.

Mudança 5: da excelência para a efetividade

- Preparado, ATIRE, mire; para preparado, MIRE, atire.
- Fazer algo bem *versus* fazer a diferença

Mudança 6: de profissional para empreendedor

- *Status* quo para catalisador de mudanças.
- Aversão ao risco para abraçar o risco.
- Levar adiante.

Faça *coaching* com o *quem (identidade)* do grupo ou time

- Busque escutar o *quem* do grupo.
- Note valores e crenças.
- Ouça a história do grupo (sem ficar preso a ela).
- Evite a tendência de fazer *coaching* individual com os membros do grupo.
- Pergunte:
  - Quais são as dez coisas que eu preciso saber sobre este time para poder fazer o *coaching* com vocês?
  - Qual é o estágio de desenvolvimento deste grupo? (ver informação sobre estágios do desenvolvimento)
  - O que eu jamais, em circunstância alguma, poderia pedir ou demandar deste grupo?
  - Se este grupo se desfizesse subitamente, quem notaria? O que deixaria de ser feito?

Trabalhe na lacuna

Aqui e agora *versus* ali e depois

- Peça ao time que fale sobre o cenário real e atual.
- Peça também que o grupo crie um cenário futuro e ideal.
- Peça ao grupo que identifique a lacuna que existe entre o cenário atual e o futuro.
- Comece a desenvolver um plano de ação para sanar essa lacuna.
- Identifique eventuais sabotagens. Quando, onde e como a sabotagem normalmente aparece.
- Crie um sistema de acompanhamento e prestação de contas para garantir que o plano de ação seja implantado.

Modelo de três perguntas

- O que está acontecendo com este grupo? (cenário atual real)
- O que é possível neste grupo? (vista seus óculos cor-de-rosa)
- Que passos podemos dar para que o grupo se mova adiante? (hoje, agora)

Elimine – delegue – sistematize

A maior parte das pessoas consegue eliminar, delegar ou sistematizar aproximadamente 50% do que faz, e o mesmo é aplicável a grupos.

Imagine quão mais efetivo e produtivo seu time poderia ser se fosse responsável por 50% a menos de coisas. Se seu time eliminasse, delegasse e sistematizasse, ele poderia:

- Realmente focar no que é mais importante.
- Reduzir o tempo e frequência das reuniões.
- Atingir progresso real e tangível.
- Desenvolver uma mentalidade de time.
- Compartilhar a carga de trabalho.
- Ser proativo *versus* reativo.
- Divertir-se!

Capítulo 5

Criando Nova Conscientização — Fazendo *Coaching* sobre Crenças Limitadoras e Premissas Falsas

Definições

Crença — Uma certeza ou verdade aceita por um indivíduo ou grupo.

Premissa — Tida como verdade sem prova, ou mediante prova situacional, ou circunstancial.

Comentários Gerais

- Premissas e crenças não são necessariamente boas ou ruins.
- Premissas e crenças são 100% verdade para quem acredita nelas.
- Geralmente existem histórias que dão suporte a nossas crenças e premissas.
- Todos possuem crenças e premissas, e estas aparecem no *coaching* o tempo todo.
- Premissas e crenças são poderosas. Elas podem:
  - Empurrar-nos adiante *ou* nos paralisar.
  - Expandir nossas opções *ou* limitar nossas escolhas.
  - Incentivar alguém a tomar a iniciativa *ou* fazer com que uma pessoa jogue a toalha.

Exemplos de crenças e premissas

- O mundo é plano.
- Nada realmente muda.
- Eles vão pensar que sou burro.
- Eu não sei tanto quanto eles.
- Sou burro.
- Nós não temos escolha.
- Mudanças são sempre difíceis.
- Mudar leva tempo.
- Eu não sei liderar.
- Não somos grandes como a outra empresa.

- Não temos um chefe melhor.
- Nosso sistema está ultrapassado.

Como destruímos crenças limitadoras e premissas falsas?

- Escute ativamente. Busque-as.
- Parta do princípio de que todos têm crenças limitadoras e premissas falsas.
- Busque além da superfície do que é dito. "Capte" a pessoa.
- Identifique a história ou o registro interno que foi criado.

Seja curioso e inquisitivo.

- Crenças limitadoras e premissas falsas ganharam força por não terem sido questionadas.
- Faça questões abertas e poderosas.
- Convide a pessoa a compartilhar seus pensamentos.
- Peça que se divirta e brinque, pois a diversão envolve e fomenta a curiosidade. Uma pessoa que se diverte tem maior probabilidade de experimentar

A curiosidade e o crescimento. 870 crianças tiveram sua curiosidade acompanhada aos oito e aos dezesseis anos.

- Aos oito anos: 84% das crianças apresentavam curiosidade.
- Aos dezesseis anos: 7% das crianças apresentavam curiosidade.
- Em oito anos, a maior parte das crianças deixou de ser curiosa

Demonstre apreciação

- Apreciação *versus* criticismo auxilia as pessoas a pensarem, numa proporção de 5:1 (*Time to Think*, de Nancy Kline).
- A transformação acontece melhor num contexto de apreciação genuína.
- Busque a grandeza nas pessoas e pare de tentar consertá-las.

Faça a Pergunta Incisiva

Em seu livro *Time to Think*, Nancy Kline oferece um método simples, mas profundo, para lidar com crenças limitadoras e premissas falsas. Seu método envolve a utilização da Pergunta Incisiva:

1. **O que você quer atingir?**
   Comece auxiliando a pessoa a ter clareza a respeito do que ela *realmente* quer atingir.

2. **Que premissa você pode estar assumindo que o impede de chegar ao seu objetivo?**

Outras perguntas poderiam ser: O que você está assumindo sobre este objetivo? Qual é sua crença sobre este objetivo? Há motivos pelos quais um indivíduo ou um grupo não atingiu seus objetivos. Ajude-os a identificar obstáculos, especialmente crenças e premissas.

Eu estava coordenando um retiro de visão para uma comunidade quando de repente o envolvimento das pessoas estagnou. Quando eu perguntei, muitos líderes disseram que aquela era a terceira vez em três anos que eles iniciavam um processo de estabelecimento de visão. Um líder-chave disse: "As primeiras duas tentativas falharam e nós acreditamos que isso acontecerá novamente."

3. **Articule o** *oposto positivo* **de sua crença limitadora ou premissa falsa.**
   Geralmente esta é uma tarefa difícil para um indivíduo, ou um time, mas pressione-os a articular o oposto positivo. Uma vez feito, peça que escrevam e digam várias vezes. Você agora está pronto para fazer a Pergunta Incisiva.

4. **A Pergunta Incisiva contém o seguinte**:
   Se você soubesse ... *insira o oposto positivo...* o que faria? O que seria diferente?

5. **Escreva a ação que será realizada.**

Capítulo 6

Estabelecendo-se como *Coach*[2]

Se você chegou até aqui, já experimentou o poder do *coaching* em sua vida e buscou fazer *coaching* com outros. Agora você pode estar perguntando: "O que vem a seguir?".

Para muitos este próximo passo será incorporar o *coaching* em seus cenários profissionais ou criar uma cultura de *coaching* em sua corporação ou outros contextos. Para outros, o próximo passo será a transição para a função de *coach* em tempo integral. Muitos com quem já trabalhei em processos de *coaching* veem isso como próximo do impossível – quase como um Grand Canyon entre onde estão e onde querem chegar.

Ao experimentar o poder do *coaching* e começar a ver o seu impacto transformacional em outros, isso gerou uma reflexão sobre minha própria transição para o *coaching* em tempo integral e como eu poderia ajudar outros a atingir o mesmo. Como *coach*, *mentor-coach* e *coach*-trainer, eu tenho tido a oportunidade de ajudar outros a melhorar suas habilidades de *coaching*, bem como a iniciar negócios bem-sucedidos. A maior parte desses indivíduos eram líderes espirituais que buscavam um escape.

Este recurso foi especificamente escrito para ajudá-lo a desenvolver e iniciar um negócio sustentável de *coaching*. Os materiais inclusos neste capítulo são uma compilação de meus anos de *coaching*, *mentor-coaching* e *coach*-trainer. Ainda que não seja um recurso exaustivo, é uma coleção de melhores práticas, estratégias e mudanças para ajudá-lo a desenvolver seu próprio negócio de *coaching* com sucesso.

Os pontos contidos neste recurso compreendem:
- O checklist dos dez principais pontos do Val.
- Estratégias específicas de transição.
- O que é o Z?
- A abordagem de funil invertida.
- Mudanças-chave para o *coach*.

---

[2] Este capítulo tem, como principal foco, indivíduos que busquem dedicação integral ao *coaching* (N. do T.).

- Sua relação com o dinheiro.
- Como acelerar as coisas?
- Erros e mitos.

O *CHECKLIST* DOS DEZ PRINCIPAIS PONTOS DO VAL

Vamos começar com o checklist. Esse checklist foi elaborado para dar uma rápida visão de como você está indo, bem como para identificar o que precisa ser trabalhado. Usando o checklist, retire os itens que se aplicam ao seu negócio de *coaching* atual. Busquemos uma figura precisa de sua realidade atual.

1. Eu posso dizer "sou um *coach*" com segurança.
2. Eu já identifiquei de quatro a sete conectores que concordaram e me ajudaram a estabelecer meu negócio de *coaching* (conectores são pessoas que sabem como fazer as coisas acontecerem).
3. Eu tenho trabalhado com um *mentor-coach* que tem seu próprio negócio sustentável e bem-sucedido de *coaching*.
4. Eu me sinto confortável ao conversar sobre dinheiro com os outros.
5. Eu tenho uma reserva financeira e um plano financeiro.
6. Eu sei que o *coaching* é legítimo, ainda que algumas pessoas não o entendam.
7. Eu estabeleci um ambiente de *coaching* que me ajuda a estar totalmente presente com meus clientes.
8. Eu tenho um bom fone de ouvido, computador e internet. Eu também tenho um telefone extra, ou um celular.
9. Estou pronto para ministrar *coaching*. Isso significa que tenho uma carta profissional de boas-vindas, um *site*, cartões de visita, acordo de *coaching* e processo de pagamento. Eu já automatizei o quanto pude disso.
10. Eu regularmente faço acompanhamento com possíveis *coachees*, bem como os que já passaram pelo processo.
11. BÔNUS: *normalmente celebro meu sucesso, não importa quão pequeno ou grande seja.*

ESTRATÉGIAS ESPECÍFICAS DE TRANSIÇÃO

Como você entra numa piscina?

Considere as diferentes formas como pessoas entram numa piscina. Algumas logo pulam dentro, enquanto outras entram devagar na água. Há ainda aqueles que nunca deixam a piscina de crianças. Como você entra numa piscina?

Assim como há diferentes formas de entrar numa piscina, há diferentes maneiras de fazer a transição para o *coaching* em tempo integral. Considere as formas a seguir. Qual é a melhor para você? Quais as implicações de sua forma? Quais são os benefícios de cada forma?

Pule no fundo da piscina. Pule totalmente!

- Deixe seu trabalho e comece a prática de *coaching*.
- Ou ingresse num trabalho que demande pouco intelectualmente para que possa focar no *coaching*

Escorregue para dentro da piscina. – Primeiro a ponta dos pés, depois entre devagar.

- Trabalhe em tempo integral e faça *coaching* meio período.
- Em certo momento, trabalhe meio período e faça *coaching* meio período.
- Gradualmente adicione mais e mais clientes.

Traga a piscina até você. Incorpore o *coaching* em sua posição atual.

- Converse com seu empregador, supervisor ou conselho sobre incorporar o *coaching* no que você já faz.
- Estabeleça uma posição de *coaching* interno.
- Floresça onde você estiver plantado.

Nade na piscina de alguém. Associe-se, colabore ou se junte a uma equipe de outro *coach*.

- Trabalhe para outro *coach*.
- Junte seus recursos a outros *coaches*.

O QUE É O Z?

Comece pensando no final

Não é incomum para um *coach* esquecer o desenvolvimento de uma visão completa de seu negócio de *coaching*. Nós fazemos *coaching* para que outros iniciem com uma figura clara do final. Sem que haja mira no alvo, como alguém saberá se foi bem sucedido?

"O que é o Z" fala sobre iniciar pensando no final. Identificar o Z inclui articular o propósito de seu negócio de *coaching*, bem como estabelecer e definir como seu negócio será visto. Considere as seguintes perguntas:

- Como você define *coaching* em tempo integral?
- Como você imagina que uma semana (ou mês) ideal seja para você, como *coach* em tempo integral?

- Descreva o indivíduo ou time ideal com quem você trabalhará o *coaching*.
- Quais são suas crenças e premissas sobre *coaching* em tempo integral?
- Das crenças que identificou, qual o está limitando? Qual está sendo útil? Que novas crenças você quer adicionar?
- Onde você está no processo de transição para o *coaching* em tempo integral? Quais são os próximos dois ou três passos-chave?

A ABORDAGEM DE FUNIL INVERTIDA

Muitas pessoas, ao iniciarem um novo negócio, adotam a abordagem de funil. Essa abordagem, tal qual um funil, é larga no topo e estreita na base. Usando essa abordagem, um indivíduo busca contatar, conectar, fazer *networking* e anunciar para tantas pessoas e organizações quanto for possível. Essa abordagem busca atingir um grande número de pessoas (parte larga do funil) e geralmente rende poucas pessoas (base estreita do funil).

A abordagem de funil invertida literalmente inverte a abordagem tradicional. Em vez de uma abordagem de massa, que é muito impessoal, essa abordagem defende a ideia de se conectar com um grupo menor e investir nele. Eu acredito que tudo que é necessário nessa abordagem são quatro a sete bons conectores. Investir pesado em algumas pessoas (parte estreita do funil) rende muito (parte larga do funil).

Quem são os conectores? Onde você os encontra? Conectores são indivíduos que sabem como fazer as coisas acontecerem. Toda organização os tem. São como Paul Reveres *versus* William Dawes, de nossos livros de história. Ambos foram enviados para avisar as pessoas sobre um perigo iminente, mas elas ouviram apenas Paul, dando pouca atenção a William.

Um de meus conectores iniciais trouxe-me 34 *coachees* de uma única vez. Ainda que outros conectores não tenham gerado este número de uma única vez, regularmente me ajudam a realizar bons contratos e me apresentam a outros conectores.

Aqui vai a estratégia que recomendo:

- **Identifique seus conectores.** Sente e comece a listar nomes. Eles estão lá. Procure em sua lista de contatos.
- **Invista em seus conectores.** Conecte-se com eles. Desenvolva uma relação mais profunda. *Gere valor a seu mundo*, pois é isso que eles buscam. Eu fiz *coaching* com muitos de meus conectores, fiz favores e cuidei deles. *Agregar valor é sua moeda de troca*

- **Mantenha-se na busca por novos conectores.** Eu estou sempre buscando meu próximo conector. No início eu pensava que conectores tinham de ser pessoas que eu conhecia bem, mas isso é um mito. Conectores, por sua própria natureza, gostam de expandir suas conexões. É isso que os torna tão eficazes. *Tenho muitos conectores que nunca conheci pessoalmente, e não me conhecem de verdade, mas conhecem outro conector que me recomendou.*

MUDANÇAS-CHAVE PARA O *COACH*

Durante a transição para o *coaching* em tempo integral

Como *coaches*, nós entendemos bem de mudanças, pois trabalhamos na mudança-chave de pessoas e times o tempo todo. Mudanças são transformações e reorientações internas (ou sob a superfície) que modificam dramaticamente a abordagem ou perspectiva de alguém, o que gera resultados significativamente diferentes. Como *coaches*, nós também passamos por mudanças. Considere as mudanças-chave que acontecem enquanto você desenvolve seu negócio de *coaching*

Mudança: *hobby versus* negócio

Coaching como *hobby* é divertido, intrigante e interessante. Como *hobby*, você mergulha no *coaching* quando quer, e ganhar dinheiro com isso é opcional. Na realidade, o investimento que é feito na maior parte dos *hobbies* é muito maior que o retorno. E está tudo bem, porque é apenas um *hobby*.

Coaching como negócio também é divertido, intrigante e interessante... e mais. Como dono de um negócio, você monitora investimento e retorno, sendo que o dinheiro *não* é opcional. Há a aplicação de processos e abordagens intencionais voltados a desenvolver e sustentar o negócio, para o benefício do *coach* e do *coachee*.

Esta mudança impacta seu processo de tomada de decisão. Decisões agora passam a incluir:

- ROI (*Return On Investment*, ou Retorno sobre Investimento).
- Isso me levará mais próximo à minha visão?
- Obrigações financeiras e responsabilidades.
- Correções de curso e parcerias.

Como você se classifica quanto a esta mudança?

Hobby ←————————————————————————→ Negócio

Mudança: *coaching* gratuito *versus coaching* remunerado

Uma das áreas em que novos *coaches* têm mais dificuldade, especialmente com um histórico ministerial, é a cobrança de honorários. Para muitos, trata-se de uma mudança difícil. Novos *coaches* querem conhecer o segredo de cobrar honorários, especialmente quando conhecem as estruturas de honorários de *coaches* experientes. São muitas as questões:

- Qual é um honorário adequado para um novo *coach*?
- Como você cobra honorários?
- Como você explica o que é *coaching*?
- E a rejeição? Como você lida com o indesejável "não"?

Considere os comentários a seguir a respeito desta mudança:

- À medida que minha confiança e competência como *coach* aumentava, meus honorários também aumentavam.

- Cobrar honorários pelo *coaching* gera mais benefício ao *coachee* do que ao *coach*. *Coachees* que investem financeiramente no *coaching* tendem a encarar o processo de uma forma bem diferente dos *coachees* gratuitos. Na realidade, minha frustração com *coachees* não pagantes me ajudou a fazer esta mudança. Aqueles que pagam pelo *coaching*:

  - Vêm preparados e prontos para se engajar totalmente no processo de *coaching*. Eles também têm mais probabilidade de cumprir as ações acordadas.
  - *Coachees* pagantes estão dispostos a se aprofundar na conversa de *coaching*.
  - Eles valorizam o *coaching* e seu *coach*.
- Há apenas quatro razões para ele dizer *não*:
  - *Não* preciso.
  - *Não* tenho dinheiro.
  - Não tenho pressa.
  - Não há credibilidade.

    (Por Ken Abrams – www.kenabrams.com)

BÔNUS: a quinta razão para as pessoas dizerem *não*.

Às vezes, quando uma pessoa diz não, na realidade quer dizer *ainda não*. Quando ouvimos alguém dizer *não*, encerramos os contatos e acompanhamentos. Nós riscamos seu nome e seguimos para a próxima pessoa, e aí o processo é finalizado. E, na realidade, o que é de fato necessário ao possível *coachee* é tempo e espaço para pensar e se preparar antes que esteja pronto para iniciar um processo de *coaching*. Ele busca acompanhamento periódico, valor agregado e conexão.

Uma escuta habilidosa, a prática e a tentativa e erro possibilitam ao *coach* escutar a diferença entre o *não* e o *ainda não*. Identificar o valor a ser agregado é parte do processo. Discernir a frequência e tipo de acompanhamento é crítico, bem como ouvir além do *não*. **O acompanhamento importa.**

MUDANÇA: VENDER *VERSUS* AGREGAR VALOR

Eu não vendo. Deixe-me dizer novamente: eu não vendo!

Um mito comum entre novos *coaches* é que precisam saber vender para ter um negócio de *coaching* em tempo integral. Ou, ainda, que precisam ser experts em marketing. Isso está totalmente fora da realidade. De fato, minha experiência mostra que abordagens tradicionais de vendas e marketing não funcionam, e frequentemente distraem novos *coaches* de investir em passos que futuramente desenvolverão seu negócio.

Melhor do que vender, esta mudança tem relação com identificar o que realmente é necessário. Esta mudança refere-se a eliminar questões como:

- Como eu convenço as pessoas a comprar o que eu vendo?
- Como eu faço para que queiram o que eu ofereço?

Uma de minhas citações favoritas traz uma expressão efetiva sobre isso:

"Sua opinião, ainda que interessante, é irrelevante!"

(Tuned In: Uncover the Extraordinary Opportunities That Lead to Business Breakthroughs).

Autores da *Sintonia*, como Craig Stull, Phil Myers e David Meerman Scott, referem-se a isso como uma compreensão das *Personas Compradoras*, o que significa o verdadeiro entendimento de quem irá comprar e investir no que você oferece.

> Ao entender verdadeiramente os problemas de mercado e como seus produtos e serviços satisfazem às personas compradoras, você transforma seu marketing de algo focado especificamente no produto, uma linguagem que só você entende e se importa, em informação valiosa que as pessoas estão ansiosas por consumir e que utilizam para tomar a decisão de fazer negócio com sua organização.
>
> —David Meerman Scott, *World Wide Wave*, p. 24

O Processo de Sintonia é simples de aprender e provê um modelo para a estratégia de marketing (por Craig Stull, Phil Myers e David Meerman Scott).

Passo 1: **Encontre problemas não resolvidos** (para saber em qual mercado e em que produtos ou serviços focar).

Passo 2: **Entenda as personas compradoras** (para entender quem comprará o que você oferece).

Passo 3: **Quantifique o impacto** (para saber se você tem um potencial vencedor).

Passo 4: **Crie experiências de avanço** (para construir uma vantagem competitiva).

Passo 5: **Articule ideias poderosas** (para estabelecer os conceitos memoráveis que satisfarão os problemas das pessoas).

Passo 6: **Estabeleça conexões autênticas** (para comunicar a seus compradores que você resolveu seus problemas, para que então comprem de você).

Mudança: sou quase um *coach versus* sou um *coach*

Alguém a quem ministrei *mentor-coaching* recentemente fez uma declaração sobre meu sucesso:

> *O motivo pelo qual Val é bem sucedido como* coach *está em ser vendido no valor de seu* coaching.

Veja-se como um *coach*! A habilidade de dizer e acreditar que você é um *coach* é mais importante do que você pensa. Esta é uma daquelas situações em que um pouco de confiança a mais pode realmente ajudar.

SUA RELAÇÃO COM O DINHEIRO

Ainda que pareça estranho, sua relação com o dinheiro impactará no sucesso e sustentabilidade de seu negócio de *coaching*. Em meu *mentor-coaching*, é comum que novos *coaches* maquiem totalmente seu quadro financeiro atual e futuro. Outro cenário comum entre novos *coaches* é de ficarem sobrepujados ou intimidados pelos componentes financeiros de um negócio de *coaching* em tempo integral.

Eu encorajo novos *coaches* a explorar sua relação com o dinheiro. Em muitos casos eles terminam envolvidos em uma reforma no que se refere a seu relacionamento com o dinheiro. Aqui seguem algumas formas de iniciar uma reforma na relação com o dinheiro:

- Quais as crenças e práticas de sua família de origem no que se refere ao dinheiro?
  - Quão úteis elas são hoje?

- Qual é sua crença atual sobre o dinheiro?
  - Quão bem sua crença atual sobre o dinheiro o servirá enquanto desenvolver um negócio de *coaching* em tempo integral?
  - Que novas crenças e práticas relacionadas ao dinheiro você precisa desenvolver?
- Defina uma relação saudável com o dinheiro. Quem você conhece que tem uma relação saudável com o dinheiro?
- Faça um balanço de sua situação financeira atual (uma foto honesta)
  - Quais são seus gastos atuais e sua renda?
  - Quais são seus gastos antecipados?
  - Lembre-se de incluir: impostos, seguro-saúde, seguro de responsabilidade civil, seguro de invalidez, associações, etc. Não esqueça o *status* jurídico de seu negócio.
  - De quantos clientes você precisa para atender, e exceder, seus gastos?
  - Quando seus clientes lhe pagarão? Como pagarão? Quanto disso você pode automatizar?
  - Quanta reserva financeira você tem hoje? Quanto é necessário?
- Desenvolva um orçamento financeiro e um plano. Atenha-se a ele e regularmente revise-o.

COMO ACELERAR AS COISAS?

A seguir está uma lista das melhores práticas comprovadas para acelerar sua transição para *coaching* em período integral:

- Faça *coaching*, faça *coaching* e faça *coaching*.
- Conecte-se, conecte-se, conecte-se.
- Identifique sua Persona Compradora (compreenda quem comprará o que você está oferecendo).
- Desenvolva uma fundação pessoal sólida.
- Relacione-se com outros novos *coaches* que façam a mesma coisa.
- Identifique suportes administrativos e estruturas. Lembre-se de que não precisa fazer tudo sozinho.
- Decida quando e como seus *coachees* pagarão por seus serviços.
- Automatize o quanto puder.

- Antes que qualquer pessoa o contrate como seu *coach*, crie seu kit de boas-vindas, acordo de *coaching* e carta inicial.
- Tenha uma página de internet e um cartão de visitas.
- Você criará um *newsletter* ou um *blog*? Qual será o formato? E a periodicidade de distribuição?
- Contrate um *mentor-coach*.
- Desenvolva relacionamento com *coaches* experientes e bem-sucedidos para auxílio mútuo.
- Para começar, desenvolva seu mote.

Eu ajudo pessoas a chegarem aos resultados que desejam. Eu sou um coach.

ERROS E MITOS

Ao desenvolver um negócio de *coaching* em tempo integral:

- Família e amigos podem não considerar o negócio de *coaching* como algo viável, o que pode facilmente desencorajar um novo *coach*. **Peça suporte e encorajamento a seus amigos e familiares.**
- Você se sentirá desencorajado, sobrecarregado e estressado por quanto não sabe, ou porque a transição está ocorrendo de maneira mais lenta do que imaginava. **Trabalhe com um** *mentor-coach*! **Compartilhe com outros** *coaches*.
- Fortalecendo-se financeiramente. Este é um grande desmotivador. Ainda que você não queira considerar a ideia de **manter seu emprego atual**, mantenha-o!
- Preenchendo seu negócio de *coaching*, pelo bem do seu negócio. Identifique as pessoas e organizações com as quais você realmente quer fazer *coaching*. Busque-as. **Seja seletivo sobre com quem você faz** *coaching*.
- Leva mais tempo para construir uma prática do que você pensa. **Seja paciente e dê-se algum tempo.**
- Conscientize-se de que você está iniciando um novo negócio, e não apenas iniciando num novo emprego, começando um novo hobby ou apenas se incrementando. **Você é um empresário!** Na realidade um "solo-presário".
- Aqueles que me conhecem melhor possivelmente são aqueles que me contratarão ou me ajudarão a promover meu negócio. Na realidade, minha experiência tem sido bem oposta a isso. **Mais de 95% das pessoas com quem faço** *coaching* **eu não conhecia antes e nunca tive reuniões face a face.** Além disso, aqueles que mais têm

me ajudado a construir meu negócio de *coaching* têm sido novos conectores que eu nunca conheci pessoalmente.

- Identifique e administre suas crenças limitadoras e falsas premissas sobre desenvolver um negócio de *coaching* em tempo integral. Crenças limitadoras comuns incluem:
  - Ninguém me contratará porque...
  - As pessoas não pagam por *coaching*.
  - Eu não sei vender.
  - Eu sou apenas um... líder de organização sem fins lucrativos, etc.

Capítulo 7

Desenvolvendo uma Fundação Pessoal Sólida

OBJETIVO

O objetivo deste capítulo é duplo:

- Auxiliar o novo *coach* no desenvolvimento de sua própria fundação pessoal sólida.
- Prover o novo *coach* de discussão prática, técnicas e *insights* para desenvolver uma fundação pessoal sólida em seus *coachees*.

Este recurso cobrirá diversas áreas:

- O que é uma fundação pessoal sólida?
- Quão satisfeito você está?
- Descanso e isolamento.
- Cuidando de si mesmo.
- Chega de tolerância!
- Experimentando Deus.

O QUE É UMA FUNDAÇÃO PESSOAL SÓLIDA?

Uma fundação pessoal sólida é uma decisão intencional de viver sua vida de uma forma que o suportará a ser o seu melhor. Trata-se de um investimento intencional em você mesmo, para que experimente uma vida abundante. Usando a analogia de uma casa, sua fundação pessoal é a fundação real sobre a qual sua "casa" é construída. A fundação é composta de três principais componentes:

- Sua perspectiva de propósito.
- Sua relação consigo mesmo.
- Sua relação com outros (especialmente família e amigos).

> Uma fundação pessoal forte consiste em *"colocar sua máscara de oxigênio antes,"* para que então possa atender e liderar os que o cercam.

Sua visão pessoal/propósito de vida

Um sentido forte de visão e propósito é o que nos move adiante na vida. Para que haja movimentação efetiva e com energia, precisamos saber o que queremos e ter uma clara visão de como se mover positivamente para aquela direção. Constantemente, nós passamos pela vida permitindo que outros escolham nosso propósito, ou não articulando claramente nossa visão pessoal/propósito. Este caminho normalmente nos rouba energia, paixão e desempenho.

Considere as questões a seguir:

1. Quais são suas forças?
2. Qual é sua paixão?
3. Qual necessidade da vida você se sente atraído a atender?
4. Que impacto você mais sente gerar nas pessoas?
5. Qual história de vida você gostaria de contar?
6. Qual é sua visão pessoal/declaração de propósito?

Aplicação para clientes

1. Como você usaria a visão/declaração de propósito com seus clientes?
2. Como você os guiaria ao longo do processo?
3. Quando você usaria isso em seu processo de *coaching*?
4. Quais são os indicadores de que seus clientes precisam trabalhar em suas visões?
5. Quais questões você poderia fazer a seus clientes sobre suas visões?

QUÃO SATISFEITO VOCÊ ESTÁ?

Exercício da Roda da Vida

O exercício da Roda da Vida provê uma representação visual de quão satisfeito você está com vários aspectos-chave de sua vida. Isso reflete o que você mais valoriza e como tem gasto sua energia.

Orientações: as oito seções da roda representam equilíbrio. Considerando o centro da roda como zero e a parte mais externa como 100%, pontue seu grau de satisfação com cada área da vida, desenhando uma linha reta ou curva para criar um novo formato.

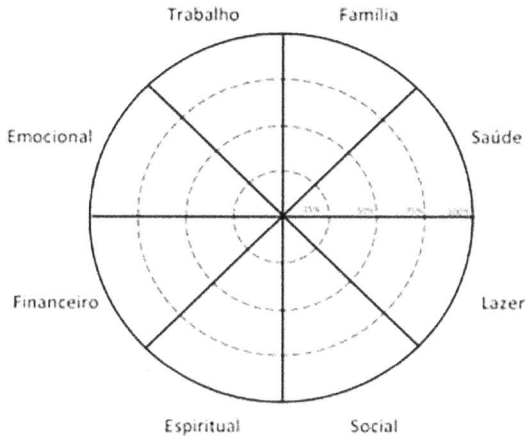

Considere as questões a seguir:

- Por que você acha que as áreas marcadas com maior satisfação estão assim?
- Quais são as áreas que você gostaria de focar para gerar melhorias?
- Que passos você pode dar agora mesmo para melhorar essas áreas?
- Se você marcou nota um ou dois para qualquer dessas áreas, é porque perdeu a esperança?

Aplicação para clientes

- Quando você faria esse exercício com seus clientes?
- Quais são as desvantagens desse exercício?
- Como você apresentaria o exercício da "roda" aos seus clientes?

TEMPO SABÁTICO, DESCANSO E ISOLAMENTO

- Por que o tempo sabático, descanso e isolamento são importantes?
- De que formas você exercita o tempo sabático e o descanso?
- Quais são os desafios que você encontra em praticar regularmente o tempo sabático e o descanso?
- O que seria diferente se o tempo sabático e o descanso fossem praticados regularmente?
- Quais são os benefícios singulares do isolamento?
- O que o distrai ou desvia de ter momentos a sós?
- Quais passos você pode dar nessas áreas? Agora? Hoje?

Aplicação para clientes

1. Quais são os sinais e evidências de que o tempo sabático, descanso e isolamento são questões- chave para aqueles com quem faz *coaching*?
2. Como você apresentaria isso ao seu *coachee*?
3. Que "retrocessos" você esperaria de seu *coachee* nessas áreas?

CUIDANDO DE SI MESMO

As pessoas têm vidas ocupadas. É comum que as pessoas ignorem seu próprio bem-estar. Frequentemente as pessoas declaram se sentir culpadas quando tiram tempo para si mesmas. Muitas pessoas negligenciam o autocuidado.

Dizendo sim e não

O autocuidado envolve dizer "sim" e "não" a diversas solicitações da vida, além de envolver a consciência de quando e a que dizer "sim" e "não."

Complete o exercício a seguir no que se refere a sua vida em seu melhor estado:

Eu direi *sim* ao seguinte:

_____
_____
_____

O que significa que direi não ao seguinte:

_____
_____
_____

Eu direi *não* ao seguinte:

_____
_____
_____

Então poderei dizer sim ao seguinte:

_____
_____
_____

Práticas saudáveis

Identifique práticas saudáveis que lhe proverão de autocuidado. Por exemplo: ir mais cedo para a cama, criar intervalos ou descansos regulares ao longo do dia, sentar à mesa de jantar para comer. Essas práticas simples e regulares podem realmente gerar diferença na sua qualidade de vida. Vale a pena identificar suas práticas saudáveis:

1. _____
   _____
2. _____
   _____
3. _____
   _____
4. _____
   _____
5. _____
   _____
6. _____
   _____
7. _____
   _____
8. _____
   _____
9. _____
   _____
10. _____
   _____

Aplicação para clientes

1. Quais são os indicadores de que seu *coachee* precisa ser mais proativo em seu autocuidado?
2. Como você apresentaria o autocuidado ao seu *coachee*?
3. Como e quando você introduziria o exercício de práticas saudáveis?
4. Quais outros exercícios e recursos de autocuidado você ofereceria ao seu *coachee*?

CHEGA DE TOLERÂNCIA!

Uma das formas mais rápidas de se sentir bem, ter mais energia e atingir resultados é identificar e eliminar suas tolerâncias.

Todos nós temos tolerâncias! Na realidade, a maior parte das pessoas nem tem consciência do quanto são tolerantes.

Geralmente temos consciência de nossas maiores tolerâncias. Por exemplo, um emprego frustrante, os maus hábitos de um membro da família ou o pagamento de impostos.

O que geralmente não temos consciência é das demais tolerâncias – aquelas que se encontram abaixo da superfície. Elas acenam para nós e nos deixam de mau humor. Pense nessas tolerâncias como "barulhos brancos" ou música de fundo. Eles estão lá e têm impacto em nós, mesmo quando não os percebemos.

Neste exercício, identifique tantas tolerâncias quanto conseguir e as escreva, sejam grandes ou pequenas. Pessoas, lugares, coisas. Tenha uma lista e continue completando-a ao longo da próxima semana. Se você for como a maioria das pessoas, ao final da semana terá uma longa lista de tolerâncias.

Tolerâncias custam caro. Não é de espantar que não nos sintamos no nosso melhor estado.

Vamos lá. Comece sua lista.

Aqui vão alguns exemplos:

- Um canto do papel de parede que se soltou.
- Um rádio do carro que não funciona.
- Roupas amassadas.
- Um carro barulhento do vizinho.
- Louças sujas deixadas dentro da pia.
- Um quadro torto.
- Buracos em suas meias.
- Um colega de trabalho que não para de falar.
- Uma lâmpada queimada no sótão.
- Fotos de férias de 10 anos passados que ainda não foram colocadas em um álbum.

Elimine suas tolerâncias:

- Identifique as cinco, dez ou vinte principais tolerâncias que você poderia fácil e imediatamente eliminar. Apenas faça o que tem de fazer. Elimine-as.
- Olhe para temas e grupos em sua lista de tolerâncias. Às vezes, ao eliminar uma ou duas tolerâncias, você pode se livrar de um grupo todo.
- O que precisa de atenção imediata?
- Qual é o custo do que você está tolerando?
- Quem, ou o que, é o maior dreno de energia em sua lista?
- Que hábitos ou rotinas diárias não enriquecem sua vida?
- Onde seus limites estão enfraquecidos?
- Quais são as formas possíveis para aumentar dramaticamente seus limites mais enfraquecidos?
- Com base na lista atual, de quem é a vida que você está vivendo?
- Quem pode ajudá-lo com essa lista?

Aplicação para clientes

1. Quando você terá uma conversa com seu cliente sobre o que ele está tolerando?
2. Quais questões você usaria para trazer as tolerâncias à superfície?
3. Quais são os indicadores de que seu cliente precisa trabalhar em suas tolerâncias?

EXPERIMENTANDO DEUS

(Esta sessão é dedicada a pessoas que creem no aspecto espiritual como parte integrante do ser humano.)

Um dilema frequentemente compartilhado por muitos é o desafio de experimentar Deus com regularidade. Na verdade, muitas pesquisas recentes mostram que inclusive pessoas que se dedicam ao ministério profissional acabam tendo um impacto negativo (e às vezes até mesmo destrutivo) na relação dessas pessoas com Deus. Uma fundação pessoal forte inclui experiências regulares e frescas com Deus.

Fazendo uma avaliação. Vamos começar com uma avaliação honesta e transparente. Considere as questões a seguir:

- Quando foi a última vez que você pessoalmente experimentou o imenso amor de Deus?
- Numa escala de um a dez, como você classificaria sua relação com Deus?
- Reveja sua agenda nos últimos trinta dias. Qual o percentual de tempo gasto "fazendo" *versus* "sendo"?

Movendo-se adiante. Considere as questões a seguir:

- Qual é o convite de Deus para você hoje? Agora!
- O que é necessário para que aconteça uma mudança real nesta área?
- O que (ou quem) representa um obstáculo?
- Que hábitos, recursos ou disciplina o ajudariam melhor a experimentar Deus regularmente? Outros auxílios?

Aplicação para clientes

1. Que passos você pode dar, como *coach*, para encorajar uma conversa clara sobre as experiências de seu *coachee* com Deus?
2. Que palavras de cuidado você ofereceria àqueles que dão *coaching* nesta área?
3. Que recursos e *insights* adicionais você ofereceria a alguém que não consegue lembrar a última vez que experimentou Deus?

RECURSOS

RECURSO A: OS OITO BLOCOS DE CONSTRUÇÃO DO *COACHING* — UM GUIA RÁPIDO DE REFERÊNCIA

A proposta desta parte é servir como um "guia rápido de referência" e como uma ferramenta para revisar os oito blocos de construção do *coaching*.

Pontos-chave dos oito blocos de construção estão incluídos aqui. Para uma visão completa dos oito blocos de construção do *coaching*, veja a parte anterior do livro intitulada Os Oito Blocos de Construção do *Coaching*.

1. Escuta Ativa

Escuta é definida como:

- Ser curioso sobre a outra pessoa.
- Aquietar sua conversa mental para que possa estar totalmente presente com a outra pessoa.
- Criar um espaço seguro para a pessoa explorar.
- Valorizar: "Você é importante para mim!".
- Não dar respostas, mas explorar possibilidades.
- Refletir, como um espelho, o que você percebe na pessoa.
- Realmente captar a outra pessoa.

O que escutar:

- Escutar dentro de um contexto *versus* escutar apenas o conteúdo.
- Escutar valores, crenças, frustrações, o que é dito *versus* não é dito.
- Escutar crenças limitadoras e premissas falsas.

Desafios da escuta:
- Aquietar a mente, ou a "conversa mental".
- Pensar no que dizer a seguir.
- Desconforto com o silêncio.
- "Estou muito ocupado para escutar."

2. Perguntas Poderosas

Uma das maiores ferramentas de um *coach* são as perguntas poderosas. Perguntas poderosas promovem a exploração de novas possibilidades e estimulam criatividade. Elas levam o indivíduo, ou equipe, a um lugar de responsabilidade, equipando-os para considerar o que funciona para si mesmos.

Perguntas poderosas são:

- Diretamente conectadas com a escuta ativa. Ao captar o que a outra pessoa realmente diz, o *coach* é capaz de elaborar a pergunta mais efetiva.
- Breves. São precisas e pontuais.
- Sem julgamento. Não há segundas intenções escondidas. Não direcionam nem sugerem.
- Normalmente abertas, promovendo a conversa e obtenção de informações.
- Auxiliam a esclarecer e reduzir as respostas e pensamentos automáticos.
- Perguntas poderosas convidam-nos a mudar nossa perspectiva.

Quais são os diferentes tipos de perguntas?

- Perguntas que ajudam a pessoa a obter perspectiva e entendimento.
- Perguntas que evocam descobertas.
- Perguntas que promovem clareza e aprendizado.
- Perguntas que chamam para a ação.

3. Linguagem Artística

A linguagem é o veículo pelo qual nos expressamos e ajudamos outros a fazer o mesmo. A linguagem tem o potencial de criar um impacto positivo e nos impulsionar adiante, ou pode também gerar desvios e até mesmo danos. A linguagem artística envolve uma conscientização e posterior desenvolvimento de nossa própria linguagem, além da conscientização sobre a linguagem da outra pessoa.

A linguagem artística envolve:
- Escolha de palavras.
- Alinhamento da linguagem.
- Metáforas, histórias e citações.
- Distinções.
- Validação.

4. Ação e Responsabilidade

A ação e a responsabilidade têm um papel significativo no *coaching*. Uma das razões principais pelas quais uma pessoa decide trabalhar com um *coach* é que deseja que alguém a auxilie a tomar algumas atitudes para chegar a seus objetivos. Esta parte do processo de *coaching* tem vários componentes: exploração de ideias, plano de ação e acompanhamento.

Exploração de ideias:

- Olhar de fora.
- Definição do alvo.
- Identificação de crenças limitadoras e premissas falsas.
- Dizer a verdade.
- Plantar.
- Desafiar.

Desenhando o plano de ação:

- Um passo por vez.
- Planejamento às avessas.
- Fazer agora.

Acompanhamento:

- Validação.
- Criação de estrutura.
- Estratégias.
- Ancoragem.
- Definição do dia de blitz.
- Identificação de ações diárias.

5. Relação de *Coaching*

No *coaching*, as três coisas mais importantes são a relação, a relação e a relação. A relação de *coaching* é o veículo de mudança e transformação.

Os benefícios de se relacionar bem com alguém incluem:

- A probabilidade de sucesso aumenta.
- Sua eficácia como *coach* aumenta.
- A probabilidade de um possível *coachee* contratá-lo aumenta.

Os componentes da relação de *coaching* são:

- Confiança e intimidade.
- Presença do *coach*.

6. Acordo de *Coaching*

O acordo de *coaching* é composto de componentes iniciais e uma natureza contínua. A natureza contínua do acordo de *coaching* inclui:

- Auxiliar o *coachee* a obter clareza a respeito do que quer focar em cada sessão particular de *coaching*, bem como o que querem levar/tirar dela.
- À medida que a sessão de *coaching* acontece, continuar esclarecendo e explorando o que será tirado/levado dali.
- Trazer as necessidades iniciais do *coachee* em comparação ao foco e meta de cada sessão. *Uma vez que o* coaching *é baseado em descoberta, e não no resultado, novos insights e perspectivas devem ser integrados ao Acordo de* Coaching.

7. Criando uma Nova Conscientização

A geração de nova conscientização diz respeito *a levantar as cortinas* e deixar a luz de informação, perspectiva e intenção adicionais entrar.

Nova conscientização é fomentada quando:

- A curiosidade é encorajada.
- Perguntas esclarecedoras são feitas.
- Crenças e premissas são identificadas e verificadas.
- A pessoa voluntariamente passa ao outro lado da sala para ganhar uma nova perspectiva.
- A pessoa se abre para novas formas de ver e interpretar a mesma situação.

Nova conscientização é facilitada por:

- Escuta em múltiplos níveis.
- Escuta contextual.
- Aprofundamento.
- Escuta por pistas.

Eliminação de crenças limitadoras e premissas falsas:

- O que você quer atingir?

- O que você pode estar assumindo que está atrapalhando seu objetivo?
- Articule o oposto positivo de sua crença limitadora ou falsa premissa.
- Faça a pergunta incisiva.
- Anote a ação que será tomada.

8. Comunicação Direta

Comunicação direta é a habilidade de comunicar efetivamente durante o processo de *coaching*, com a utilização de linguagem que trará maior impacto positivo no *coachee*.

Características da comunicação direta:

- Clara e precisa.
- Oportuna (no momento certo).
- Construtiva e sem julgamento.
- Com pausas e silêncio apropriados. Autêntica.
- Dotada de maestria na linguagem.
- Sem acúmulo de perguntas.
- Não atropela as coisas.

Quatro formas específicas de comunicação direta incluem:

- A arte da interrupção.
- Aconselhamento.
- Direcionamento.
- Mensagem.

RECURSO B: O FORMULÁRIO DE AVALIAÇÃO DE *COACHING*

Formulário de Avaliação de *Coaching*

Coach:

Coachee:

Observador:

Data:

Orientações: use *o formulário dos oito blocos de construção* como guia para dar *feedback* a outros *coaches*. Por favor, compartilhe seus comentários e observações.

Oito blocos de construção do *coaching*

1. ESCUTA ATIVA	• Escutou sem julgamento, crítica ou segundas intenções.
	• Escutou sem ficar pensando no que seria dito a seguir.
	• Escutou valores, frustrações, motivações e necessidades.
	• Escutou a grandeza do *coachee*.
	• Escutou crenças limitadoras e premissas falsas.
	• Escutou os "devo, preciso, necessito".
	• Escutou o óbvio.
	• Notou o tom, ritmo, volume, inflexão e palavras mais usadas.

FORÇAS

OPORTUNIDADES

2. PERGUNTAS PODEROSAS	• Promoveram a exploração de novas possibilidades e estimularam a criatividade.
	• Levaram o *coachee* a um lugar de responsabilidade.
	• Equiparam o *coachee* para considerar o que é certo para si.
	• Breves, precisas e pontuais.
	• Sem julgamento.
	• Sem segundas intenções.
	• Em geral abertas.
	• Promoveram conversa e obtenção de informações.
	• Auxiliaram no esclarecimento e redução de respostas e pensamentos automáticos.
	• Promoveram mudança de perspectiva.

FORÇAS

OPORTUNIDADES

3. LINGUAGEM ARTÍSTICA	• Usou linguagem clara, neutra, não manipuladora e sem segundas intenções.
	• Usou linguagem que vai além da superfície das questões principais.
	• Usou linguagem compatível com palavras e frases do *coachee* e soube quando introduzir novas palavras.
	• Respeitou a velocidade e padrão do *coachee*.
	• Usou linguagem para auxiliar o *coachee* a aprender, descrever seus valores e definir sua realidade.
	• Intencionalmente alinhou linguagem para gerar aceitação e a sensação de que houve "captação" do *coachee*.
	• Intencionalmente desalinhou a linguagem para chamar atenção para uma questão específica.

FORÇAS

OPORTUNIDADES

4. AÇÃO E RESPONSABILIDADE	• Auxiliou o *coachee* a descobrir diferentes perspectivas e possibilidades.
	• Encorajou o *coachee* a olhar de fora da situação para ver uma figura mais ampla.
	• Auxiliou o *coachee* a definir com o que o sucesso se parece.
	• Trouxe conscientização de novas ideias e alimentou ideias atuais.
	• Desafiou o *coachee* a testar ir além.
	• Assistiu o *coachee* em planejar suas ações com resultados mensuráveis.
	• Encorajou uma atitude de "fazer agora".
	• Auxiliou o *coachee* a desenvolver um plano de ação.
	• Auxiliou o *coachee* na identificação de como manter foco na tarefa em mãos.
	• Identificou barreiras que poderiam atrapalhar o progresso.

FORÇAS

OPORTUNIDADES

5. RELAÇÃO DE *COACHING*	• Proveu um ambiente de suporte e segurança. • Interesse genuíno foi demonstrado. • Proveu espaço para o *coachee* ser "verdadeiro", compartilhar, arriscar e explorar sem medo de julgamento ou rejeição. • A confiança foi estabelecida. • O *coach* trabalhou para se aprofundar nas questões principais. • O *coach* deu total atenção ao *coachee*. • O *coach* adotou uma postura constante de descoberta. • O *coach* estava disposto a reconhecer quando não sabia alguma coisa e estava confortável na "dança" com o *coachee*. • Humor foi usado de forma eficaz. • O *coach* não se deixou influenciar pelas questões e desafios do *coachee*.

FORÇAS

OPORTUNIDADES

6. ACORDO DE *COACHING*	• Perguntou ao *coachee* qual seu desejo/meta para a sessão de *coaching*. • Usou de paráfrase com o *coachee* para garantir entendimento. • Auxiliou o *coachee* a ganhar clareza sobre o que desejava focar durante a sessão de *coaching*. • Perguntou ao *coachee* para definir o que queria "tirar/levar" da sessão de *coaching*. • Esclareceu e explorou o resultado desejado ao longo da sessão de *coaching*.

6. ACORDO DE *COACHING* **(CON.)**	• Foi flexível em mudar o foco se a conversa pedia uma mudança de direção. • Trouxe a necessidade inicial do *coaching*, mantendo-a lado a lado com o resultado a ser tirado da sessão específica.
FORÇAS	
OPORTUNIDADES	
7. CRIANDO CONSCIENTIZAÇÃOS	• Curiosidade foi demonstrada e encorajada. • Perguntas esclarecedoras foram usadas para explorar tópicos e descobrir novos *insights*. • Crenças e premissas foram descobertas, questionadas e verificadas. • O *coach* intencionalmente ofereceu nova/diferente perspectiva para o *coachee* considerar. • O *coach* abriu formas de visão e interpretação da mesma situação.
FORÇAS	
OPORTUNIDADES	

8. COMUNICAÇÃO DIRETA	• Clara e precisa.
	• Oportuna (no momento certo).
	• Autêntica, construtiva e livre de julgamento.
	• Pausas e silêncio apropriados.
	• Sem acúmulo de perguntas.
	• Não passou por cima de questões.
	• Interrupções apropriadas e respeitosas.
	• Utilização de permissão para interromper. "Posso interromper?"
	• Concluiu para o *coachee*. "Veja o que estou ouvindo..."
	• Aconselhou por meio de uma opinião experimentada e educada, após todas as outras opções terem sido exploradas. "Veja o que já vi funcionar. Diga-me se parece que valeria a pena testar."
	• Reorientou o *coachee* para seus objetivos, quando necessário.
	• Quando apropriado, o *coach* lembrou a importância do que estavam fazendo e aonde estavam indo.
	• Usou a verdade – o *coach* disse o que viu.
	• Validou o *coachee* e alcançou sua grandeza.
	• O *coach* reforçou o que o *coachee* conseguiu conquistar.
	• Avisou sobre o que viria a seguir. "Provavelmente você precisa começar a focar em ABC, uma vez que já deixou XYZ para trás."
	• O *coach* comunicou o que queria do *coachee*. "O que quero de você é..."

FORÇAS

OPORTUNIDADES

COMENTÁRIOS
GERAIS

RECURSO C: AMOSTRA DO PACOTE DE BOAS-VINDAS

Amostra da Carta de Boas-Vindas

Bem-vindo e parabéns!!!

Obrigado pela decisão de iniciar o processo de *coaching* e me escolher como seu *coach*. Meu compromisso é dar a você o melhor *coaching* que eu puder.

Para que você aproveite ao máximo suas sessões de *coaching*, estou enviando uma série de itens para ler antes de nossa primeira sessão. Esses itens incluem:

- **Acordo de *coaching*.** Peço que leia este acordo, assine e o envie a mim.
- **Dados de contato.** Esta informação é confidencial.
- **Código de ética.** Sou membro da Federação Internacional de *Coaching* e sou fiel a seu código de ética.
- **Formulário da primeira sessão de *coaching*.** Peço que o complete e envie a mim antes de sua primeira sessão de *coaching*.
- **Relatório de foco.** Este é um relatório simples e rápido que peço a você completar e me enviar antes de cada sessão de *coaching* (com exceção da primeira). Este relatório o ajudará a se preparar para cada sessão de *coaching*, bem como a mim, como seu *coach*.

No horário combinado da sessão de *coaching*, peço que me contate (dados de contato) ou me encontre (endereço). Cada sessão tem aproximadamente 30 minutos de duração e, como tenho clientes antes e depois de cada sessão, é importante que nos atenhamos à janela de 30 minutos.

Eventualmente, entre as sessões de *coaching* você pode querer me ligar ou me mandar alguma mensagem. Sinta-se à vontade para fazê-lo. Meu compromisso é de responder o mais breve possível.

Novamente, bem-vindo ao processo de *coaching* e parabéns por dar esse importante passo.

Seu Nome Aqui

Amostra de Acordo

Acordo de *Coaching*

A meu cliente: por favor, revise, ajuste, assine no local indicado e devolva no endereço listado abaixo.

NOME

INICIO   MÊS,   A

HONORÁRIO R $ POR MÊS / SESSÃO

NUMERO DE SESSÕES POR MÊS

DURAÇÃO   (duração da sessão agendada)

INDICADO POR:

REGRAS DE BASE: 1. O CLIENTE LIGA PARA O *COACH* NO HORÁRIO AGENDADO OU SE DIRIGE AO LOCAL ACORDADO.

                       2. O CLIENTE PAGA OS HONORÁRIOS ANTECIPADAMENTE.

                       3. O CLIENTE PAGA CUSTOS DE LONGA DISTÂNCIA, SE HOUVER.

1. Como cliente, eu compreendo e concordo que sou totalmente responsável por meu bem-estar físico, mental e emocional durante o processo de *coaching*, incluindo minhas escolhas e decisões. Estou consciente de que posso cancelar este acordo de *coaching* em qualquer tempo, com aviso escrito prévio de 30 dias.

2. Eu compreendo que o *coaching* é uma relação profissional que tenho com meu *coach*, que é elaborada para facilitar a criação/desenvolvimento de objetivos pessoais, profissionais ou de negócios, bem como para desenvolver e executar uma estratégia/plano para atingir esses objetivos.

3. Eu compreendo que o *coaching* é um processo abrangente, que pode envolver todas as áreas de minha vida, incluindo trabalho, finanças, saúde, relacionamentos, educação e lazer. Eu reconheço que a decisão de como lidar com estas questões, introduzir o *coaching* nestas áreas e implantar minhas escolhas é uma responsabilidade exclusivamente minha.

4. Eu compreendo que o *coaching* não envolve o diagnóstico ou o tratamento de condições mentais, conforme definido pelos órgãos competentes de psiquiatria. Eu compreendo que o *coaching* não é um substituto para consultoria, terapia, psicanálise, cuidados mentais ou tratamento de abusos e não o usarei em lugar de qualquer forma de

diagnóstico, terapia ou tratamento.

5. Eu me comprometo, se estiver atualmente em terapia, ou outro tratamento junto a um profissional de saúde mental, que já o consultei quanto à recomendação de trabalhar com um *coach* e que esta pessoa está consciente de minha decisão de dar seguimento a um relacionamento de *coaching.*

6. Eu entendo que as informações serão tratadas de forma confidencial, a não ser que eu permita de outra forma, por escrito, com exceção do requerido por lei.

7. Eu compreendo que alguns tópicos podem ser anônima e hipoteticamente compartilhados com outros profissionais de *coaching* para propósitos de treinamento ou consulta.

8. Eu compreendo que o *coaching* não deve ser usado como substituto para o aconselhamento profissional legal, médico, financeiro, de negócios, espiritual ou qualquer outro profissional qualificado. Eu buscarei direcionamento profissional independente para questões legais, médicas, financeiras, de negócios, espirituais ou outras. Eu compreendo que quaisquer decisões nestas áreas são exclusivamente minhas e reconheço que minhas decisões e ações relacionadas a elas são de minha única responsabilidade.

Eu li e concordo com os termos deste acordo.

Assinatura

Data:

Por favor, retorne para:

Amostra de Formulário de Contato

Informação de Contato

(Por favor, envie-me esta informação pelo e-mail – seu e-mail aqui)

Nome:

Endereço:

Telefones (melhor forma de encontrá-lo)

Principal:

Secundário:

Outro:

Endereço de e-mail:

Gostaria de receber minhas informações periódicas? Sim ou não.

Nome de sua organização e ocupação:

Amostra de Formulário da Primeira Sessão de *Coaching*

Primeira Sessão de *Coaching*

Por favor, responda às questões a seguir e envie a mim por e-mail, pelo menos um dia antes de sua primeira reunião de *coaching*.

1. Quais são as dez coisas imprescindíveis que eu tenho de saber sobre você

1. _____
2. _____
3. _____
4. _____
5. _____
6. _____
7. _____
8. _____
9. _____
10._____

2. O que você quer poder dizer sobre si mesmo, ou sua igreja, daqui a três meses que não pode dizer hoje?

E daqui a um ano?

E daqui a três anos?

3. Por que isso é importante para você?

4. O que o atrapalha? Que obstáculos ficam no caminho?

5. Qual é uma coisa simples que você pode fazer para levá-lo um pouco mais perto de seu objetivo? (Agora! Hoje! Esta semana!)

Amostra de Formulário de Relatório de Foco

Relatório de Foco

Nome: Data:

Por favor, contate-me (seus dados aqui), ou compareça no local acordado para suas sessões de *coaching*.

O que eu atingi ou que ação tive desde nossa última sessão.

O que eu não consegui fazer, mas queria ter feito, e o que atrapalhou.

Neste momento, os maiores desafios e questões com os quais estou lidando são...

Eu quero focar nossa atenção durante a próxima sessão em...

RECURSO D: UMA LISTA DE PERGUNTAS PODEROSAS

As dez principais perguntas para sua equipe ao final de cada ano

1. O que você conquistou neste ano? Seja específico. Escreva. Planeje um tempo para celebrar.

2. O que você aprendeu neste ano? Que habilidades você desenvolveu? Que lições?

3. Que obstáculos houve no caminho? No que você trabalhará no próximo ano? Seja sincero se você mesmo foi o obstáculo.

4. Quem contribuiu para seu sucesso? O que você pode fazer para reconhecer estes membros de sua equipe pessoal ou profissional?

5. Que erros você cometeu e o que aprendeu com eles? Escrevê-los é uma boa forma de relembrar o que você não deve fazer no próximo ano.

6. Quanto seu trabalho foi consistente com seus valores?

7. No que você não assumiu responsabilidade? Às vezes ajuda olhar com alguma distância do evento de fato.

8. Como foi sua performance? Dê-se uma nota de 1 a 10.

9. Do que você precisa abrir mão? Fazendo isso, você poderá se mover de forma mais leve para o ano novo.

10. O que lhe faltou neste ano? Como você pode incorporar isso ao próximo?

As dez principais perguntas para líderes

1. O que você gostaria de dizer em três anos que não pode ser dito agora (sobre você ou sua organização)?

2. Quais são os possíveis próximos passos?

3. Quem pode ajudar com isso?

4. Qual é a verdade sobre o agora?

5. Como você lida com a falha?

6. Que exemplo você passa?

7. Quão preocupado você é em agradar as pessoas?

8. Do que você precisa se despedir para continuar movendo adiante?

9. Numa escala de 1 a 10, quão disposto está em tomar uma atitude? (1: não disposto; 10: muito disposto).

10. O que você ganha em não tomar uma atitude?

As perguntas preferidas do Val

1. E agora?
2. O que você quer?
3. Do que você tem medo?
4. O que isso está lhe custando?
5. Ao que você é apegado?
6. Qual é o sonho?
7. Qual é a essência do sonho?
8. O que está além deste problema?
9. O que vem pela frente?
10. Para o que você está construindo?
11. O que tem de acontecer para que você se sinta bem sucedido?
12. Por qual dom você não está se responsabilizando?
13. Quais são suas fontes saudáveis de energia?
14. O que para você?
15. O que está impedindo?
16. O que está no caminho?
17. O que faria a maior diferença aqui?
18. O que você vai fazer?
19. O que você gosta de fazer?
20. O que você pode fazer para ficar feliz agora?
21. O que você busca atingir tendo essa conversa?
22. O que você busca atingir fazendo isso?
23. Qual é o primeiro passo?
24. Como seria sentir o entusiasmo e o medo ao mesmo tempo?
25. O que é importante sobre isso?
26. O que seria necessário para que você se tratasse como seu melhor cliente?
27. Qual a vantagem da situação presente?
28. O que você espera ter acontecido?
29. Qual é o ideal?
30. Qual é o resultado ideal?
31. Com o que se pareceria?
32. Qual é a realidade sobre esta situação?
33. Qual é a ação correta?
34. O que você vai fazer?

35. O que está funcionando para você?

36. O que você faria diferente?

37. Que decisão você tomaria em uma perspectiva de abundância?

38. Que outras escolhas você tem?

39. O que você quer mesmo, de verdade?

40. E se não houvesse limites?

41. O que você não está me contando que impede o *coaching* de ajudá-lo?

42. O que eu não perguntei a você, mas deveria ter perguntado?

43. O que precisa ser dito que não foi?

44. O que você não está dizendo?

45. O que mais você tem a dizer sobre isso?

46. O que falta para que isso se complete?

47. O quanto você tem dispendido para continuar fazendo desta forma?

48. O que é isso?

49. O que vem primeiro?

50. Que consequência você está evitando?

51. Que valor você recebeu nesta conversa/reunião?

52. O que o está motivando?

53. O que você está percebendo?

54. O que está faltando aqui?

55. Com o que isso se parece?

56. O que você sugere?

57. O que está embaixo disso?

58. Que parte do que eu disse foi útil? Como?

59. No que esta pessoa está contribuindo para sua qualidade de vida?

60. O que você está se negando neste momento?

61. O que você precisa ajustar para conseguir isto?

62. Qual é a solução mais simples aqui?

63. O que o ajudaria a ver que eu dou total apoio a você/a isso?

64. O que aconteceu?

65. O que você está evitando?

66. Qual é o pior que poderia acontecer?

67. Com o que você está comprometido?

68. Qual é sua visão para você e para as pessoas ao seu redor?

69. O que você não quer?

70. E se você soubesse?

71. O que seu coração lhe diz? Do que você está disposto a desistir?

72. O que você poderia ter feito diferente?

73. O que você não está encarando?

74. Do que este sentimento o lembra?

75. O que você faria diferente se este problema fosse resolvido?

76. O que sua alma diz?

77. Do que você precisa se despedir para mover adiante?

78. Qual é o ganho em não lidar com esta situação?

79. As coisas estão ruins como você diz ou estão piores do que isso?

80. Até que ponto quando você diz "sim" na realidade está sentindo "não"?

81. Qual é a decisão que você está evitando?

82. O que você está fingindo não saber?

83. Quais são as dez coisas que eu necessariamente preciso saber sobre você?

84. O que você gostaria de poder dizer sobre si mesmo (sua igreja) daqui a três meses? Daqui a um ano? Daqui a três anos?

85. O que o está segurando? O que insiste em ficar no caminho?

86. O que seria uma coisa simples a fazer, que poderia levá-lo mais próximo de seu objetivo? (Agora! Hoje!)

87. Qual é seu maior, mais louco sonho?

88. O que o mantém acordado à noite? O que você normalmente pensa quando está tomando banho?

89. O que o motivou no passado para atingir metas difíceis, tomar importantes decisões ou fazer coisas desafiadoras? Podemos usar isso como motivador agora?

90. Quem pode ajudá-lo com isso?

91. O que você está tolerando?

92. O que foi útil a você no passado? Ainda é possível usá-lo?

93. O que você faria se soubesse que não poderia fracassar?

94. Que parte deste objetivo é seu? O que pertence a outra pessoa? E se o objetivo fosse todo seu?

95. Como posso ajudá-lo melhor? O que você mais precisa de mim?

96. Pelo que você é grato?

97. O que faz seu coração cantar?

98. O que está faltando?

99. O que você tem de fazer diferente para que isso aconteça?

100. O que você tem de colocar em prática para que isso aconteça?

101. Como vai ser quando você atingir seu objetivo?

102. Quem você conhece que já faz isso bem?
103. Quais serão os sinais de que é hora de começar?
104. Como você saberá que terá sido bem sucedido?
105. Como você saberá quando chegar?
106. O que precisa ser mudado em você?
107. Diga uma coisa em que precisa focar para chegar onde quer?
108. Você poderia estar errado? Como poderia checar?
109. Isso se alinha com sua visão e objetivos?
110. Conte-me uma coisa que fez você se sentir muito bem nesta última semana.
111. Qual seria uma coisa que faria a maior diferença agora?
112. Qual é sua crença sobre esta situação?
113. O que você gostaria de ter mais? E menos?
114. O que é verdade nesta situação?
115. Quais são os efeitos disso em você?
116. Que passos moveriam isso adiante?
117. Quão preso você está ao resultado?
118. Qual é o "dever" nesta situação?
119. Esta é a hora de começar?
120. Qual é a verdade sobre esta situação?
121. Qual é o caminho de menor resistência?
122. Há outra forma? Vamos pensar sobre outras cinco a dez possibilidades.
123. Quanto isto está lhe custando?
124. Você consegue ver além deste problema?
125. Você consegue ver o que está adiante?
126. Você está aberto a uma forma totalmente diferente de ver isso?
127. O que suas ações dizem a respeito desta situação?
128. O que acontecerá se você continuar fazendo isto pelos próximos dez anos?
129. Sob tudo isso, com o que você realmente está comprometido?
130. Que legado você quer deixar?
131. Posso empurrá-lo para isso?
132. Então, o que é possível aqui?
133. De quais oportunidades você não está se aproveitando?
134. Quem está realmente no comando aqui?
135. Quais são cinco mudanças, ou ações, que você pode fazer nos próximos trinta dias que o ajudarão a se mover adiante?
136. O que você está disposto a fazer para que isso funcione?

137. O que consome seu tempo, a ponto de distraí-lo de atingir seus objetivos?

138. O que você deseja de verdade, verdade, VERDADE?

139. Do que você tem medo nesta situação?

140. Qual o pior que poderia acontecer? E se acontecesse, o que poderia acontecer de pior depois?

141. Qual a melhor coisa que poderia acontecer?

142. O que você NÃO está dizendo? O que você está escondendo?

143. Você está buscando um objetivo que não faz mais sentido?

144. Que regras internas e padrões não ditos têm tido um impacto negativo nesta situação?

RECURSO E: TÉCNICAS E ESTRATÉGIAS ADICIONAIS DE *COACHING*

Introduzimos neste texto uma série de exercícios e técnicas que você pode usar em seu *coaching*.

Exercício de foco

Este exercício ajuda o indivíduo a ganhar clareza sobre seus papéis primários e responsabilidades.

Comece escrevendo suas respostas para cada uma das seguintes questões:

1. Quais são as coisas que só você pode fazer?
2. Quais são as coisas que tanto você como os outros podem fazer?
3. O que você pode fazer, mas escolhe não fazer?
4. Quais são as coisas que você não pode fazer e nunca quer fazer?

Veja suas respostas e aprofunde seu aprendizado com estas questões adicionais:

1. Como você compara o que escreveu com como de fato gasta seu tempo e energia?
2. O que seria necessário para passar a maior parte de seu tempo fazendo o que apenas você pode fazer?
3. Quem você precisa ser para transformar isso em realidade?

Identifique as mudanças e ajustes necessários e tome uma atitude agora. Hoje.

Planejamento do tempo na liderança

Para responder aos desafios da liderança, líderes devem ter tempo para as seguintes prioridades

- **Recarregar as baterias.** Todo bom líder entende a importância de cuidar de seu corpo físico. (Veja também o tempo sabático poderoso, a seguir).
- **Resultados.** Separe tempo para seus objetivos principais.
- **Resposta.** Certifique-se de que há tempo adequado para dar acompanhamento e para seguir ao próximo passo.
- **Reajuste de foco.** Separe tempo para correções de curso e refinamento.

Pergunte a seus *coachees* qual desses quatro "Rs" eles normalmente esquecem. Geralmente, o último é o mais deixado de lado. Então pergunte: "Qual destes pontos traria maior impacto positivo em você e na sua liderança?"

Tire um tempo sabático poderoso

Um tempo sabático poderoso inclui quatro áreas de descanso:

1. Descanso físico: Assegure-se de que seu corpo físico está tendo o devido descanso.
2. Descanso mental: Aprecie o silêncio. Desligue a televisão e dê um tempo de ler as notícias depressivas do jornal. Deixe sua mente descansar.
3. Descanso do coração: Cuidar dos outros e de suas necessidades pode ser exaustivo. Faça um intervalo e deixe outros cuidarem de você. Você estará melhor para cuidar dos outros quando retornar.
4. Descanso da alma: Tire tempo para experimentar o divino. Descanse reconhecendo que o mundo gira em torno de Deus, e não de você ou de mim!

Quando viajamos de avião, somos lembrados que, em caso de emergência, as pessoas que viajam com crianças devem colocar sua própria máscara de oxigênio antes de colocar em suas crianças. Uma fundação pessoal sólida é como colocar a sua máscara de oxigênio antes. Então você estará apto a cuidar melhor e liderar melhor os que estão ao seu redor.

Uma carta ao "Querido John"

Esta carta bem-humorada, mas poderosa, pode ser apresentada a um cliente para demonstrar o impacto da falta de mudança.

Querido John:

Você provavelmente já sabe do que trata esta carta. Você viu o que estava por vir; eu sei que viu. É sobre nós, John. Acabou. Vou deixá-lo!

Eu aguentei firme o quanto pude e você precisa me dar crédito por isso. Quero dizer, o jeito que virou meu mundo e falou de forma tão amorosa sobre o futuro que teríamos juntos. Eu tenho esperado há tanto tempo por seu abraço, sua atenção e seu amor.

Por que você me rejeitou? Por que deu tantas desculpas? Sua falta de ação e procrastinação estão acabando comigo. Eu preciso seguir adiante!

Por anos, eu ficava tão entusiasmada a cada vez que você falava sobre começar. Meu coração pulsava cada vez que você falava sobre mim para outras pessoas, só para me decepcionar novamente por causa de seu medo. John, do que você tem medo? Sou eu! Suas esperanças, sonhos e objetivos. Eu o desejava tanto quanto você me desejava, mas você não me dá escolha. Eu preciso seguir adiante!

Por favor, não tente desviar o assunto. Os anos de indecisão e falta de disciplina me dizem tudo que preciso saber. Se você realmente—e eu digo *realmente*—me quisesse, teria encontrado uma forma de ficarmos juntos.

Eu cansei de elevar minhas esperanças tão alto, para vê-las depois esborrachadas. Eu simplesmente preciso seguir adiante! O tempo está marchando sem nós, e meu maior medo está se tornando visível no horizonte. Estou com tanto medo que cheguemos ao final de nossas vidas sem nunca termos tido chance de conhecer de verdade um ao outro. Parte o coração até mesmo considerar isso, mas eu simplesmente preciso seguir adiante!

Tudo o que eu queria, precisava e pedi foi a sua atenção, sua devoção e sua vontade de trabalhar duro por mim. Se isso era pedir muito, eu peço desculpas. Eu simplesmente preciso seguir adiante! Tudo que tem valor deve ser merecido, e eu cansei de suas desculpas e falta de paciência. Em muitas ocasiões, eu estava ao seu alcance, mas você desistiu tão rapidamente. Por que me deixou quando estava tão próximo?

Eu cansei de ouvir que o tempo não é adequado, que você está cansado, ou que algum dia você se decidirá. É hora de eu me decidir e encontrar alguém que é comprometido, focado e proativo. Eu simplesmente preciso seguir adiante!

Sincerely,

Sinceramente, suas esperanças, sonhos e objetivos para o ano passado

Tempo dividido *versus* tempo cheio

Um desafio comum para os clientes de *coaching* é fazer as coisas acontecerem, especialmente coisas que somente eles podem fazer. A lista de afazeres continua crescendo, e sentimentos de culpa e inadequação começam a se estabelecer. As inovações tecnológicas não ajudam. Não importa o que se faça, ainda não há horas suficientes na semana para fazer tudo o que se quer e se precisa fazer.

Se você olhar mais atentamente para as suas tarefas e o que elas requerem, conseguirá passar por este gargalo muito rapidamente. Algumas tarefas precisam de um tempo cheio para ser completas. São itens que normalmente requerem um fluir criativo ou envolvem um processo sequencial e estratégico. Cada vez que você para e reinicia um projeto sólido, perde tempo precioso, além do momentum.

Já as tarefas divisíveis podem ser interrompidas e reiniciadas com pouca ou nenhuma perda de tempo, ou momentum. São tarefas que podem ser trabalhadas quando você descobre que tem alguns minutos extras ou quando está num modo de piloto automático.

Vale a pena tentar o seguinte: comece identificando o que você precisa fazer numa semana qualquer. Então, para cada tarefa, decida se você precisa de um tempo cheio OU de um tempo dividido.

Você ficará surpreso com como esta pequena distinção o ajudará a usar seu tempo com maior eficiência e quão mais rapidamente você completará as tarefas de sua lista.

Referências bibliográficas

The International *Coach* Federation. http://www.coachfederation.org.

Kline, Nancy. *Time to Think.* London: Cassell Illustrated, 1999.

NIV Pastor's Bible. Grand Rapids: Zondervan Publishing House, 2000.

Pawlik-Kienlen, Laurie. *Protecting Personal Boundaries.* 2006.

Peterson, Eugene. *The Message.* Colorado Springs: Navpress Publishing Group, 1995.

Stull, Craig, Phil Myers and David Meerman Scott. *Tuned In.* New Jersey: John Wiley & Sons, Inc., 2008.

Scholtes, Peter R. et al. *The TEAM Handbook.* Madison, Wisconsin: Oriel, Inc., 2003.

Winesman, Albert L., Donald O. Clifton, and Curt Liesveld. *Living Your Strengths.* New York: Gallup Press, 2003-2004.

Zander, Rosamund Stone and Benjamin Zander. *The Art of Possibility.* Penguin Books, Ltd., London, England, 2000.

Sobre J. Val Hastings

Dr. J. Val Hastings, MCC, é o Fundador e Presidente de Coaching4Today'sLeaders, Coachin4Clergy, Coaching4 Groups e Coaching4BusinessLeaders. Val contratou seu primeiro *coach* enquanto liderava uma organização sem fins lucrativos. Seu progresso foi notado por todos e ele imaginou o que aconteceria se adotasse uma abordagem de *coaching* para toda liderança. Naquele comento, uma visão surgiu; a visão global de *Todo Líder como Coach*.

Dr. Hastings é autor de vários livros e desenvolveu quatro programas de treinamento de *coaching* aprovados e credenciados no máximo nível pela International Coach Federation. Tais treinamentos são oferecidos em diversos países e diferentes idiomas, incluindo inglês, espanhol, português e coreano. Alunos graduados pelos cursos já receberam todas as credenciais disponíveis: ACC, PCC e MCC.

Val possui a credencial de Master Certified *Coach* pela International Coach Federation, a máxima insígnia de *coaching*. Também é credenciado como Professional Mentor Coach. Além de lecionar em seus próprios programas, Val é Faculty da *Coach* University. Em 2006, foi apresentador da conferência global da International Coach Federation e, em 2007, foi Presidente do Capítulo do ICF de Filadélfia.